Sociedade paliativa

Dados Internacionais de Catalogação na Publicação (CIP)
(Câmara Brasileira do Livro, SP, Brasil)

Han, Byung-Chul
  Sociedade Paliativa: a dor hoje / Byung-Chul Han;
tradução de Lucas Machado – 1. ed. – Petrópolis, RJ :
Vozes, 2021.

Título original: Palliativgesellschaft - Schmerz
heute
Bibliografia.

6ª reimpressão, 2025.

ISBN 978-65-5713-002-5

1. Alegria 2. Autoajuda 3. Felicidade 4. Filosofia
5. Sociedade I. Machado, Lucas II. Título.

20-51812   CDD-102

Índices para catálogo sistemático:
1. Autoajuda: Felicidade: Psicologia aplicada 158

Aline Graziele Benitez – Bibliotecária – CRB-1/3129

BYUNG-CHUL HAN
Sociedade paliativa
A dor hoje

Tradução de Lucas Machado

EDITORA VOZES

Petrópolis

© Matthes & Seitz Verlag, Berlin 2020

Tradução do original em alemão intitulado
Palliativgesellschaft - Schmerz heute

Direitos de publicação em língua portuguesa – Brasil:
2017, Editora Vozes Ltda.
Rua Frei Luís, 100
25689-900 Petrópolis, RJ
www.vozes.com.br
Brasil

Todos os direitos reservados. Nenhuma parte desta obra poderá ser reproduzida ou transmitida por qualquer forma e/ou quaisquer meios (eletrônico ou mecânico, incluindo fotocópia e gravação) ou arquivada em qualquer sistema ou banco de dados sem permissão escrita da editora.

CONSELHO EDITORIAL	PRODUÇÃO EDITORIAL
Diretor Volney J. Berkenbrock	Aline L.R. de Barros Eric Parrot Jailson Scota
Editores Aline dos Santos Carneiro Edrian Josué Pasini Marilac Loraine Oleniki Welder Lancieri Marchini	Marcelo Telles Mirela de Oliveira Natália França Otaviano M. Cunha Priscilla A.F. Alves Rafael de Oliveira
Conselheiros Elói Dionísio Piva Francisco Morás Gilberto Gonçalves Garcia Ludovico Garmus Teobaldo Heidemann	Samuel Rezende Vanessa Luz Verônica M. Guedes
Secretário executivo Leonardo A.R.T. dos Santos	

Editoração: Elaine Mayworm
Diagramação: Sheilandre Desenv. Gráfico
Revisão gráfica: Nilton Braz da Rocha
Capa: Editora Vozes

ISBN 978-65-5713-002-5 (Brasil)
ISBN 978-3-95757-269-1 (Alemanha)

Este livro foi composto e impresso pela Editora Vozes Ltda.

A dor apenas, entre todos os sentimentos corporais, é, para o ser humano, um fluxo navegável, com águas que nunca se esgotam e que o conduz ao mar. O prazer se mostra presente em todo lugar onde o ser humano aspira ao seu efeito como um beco sem saída.

Walter Benjamin

Sumário

Algofobia, 9

Coação à felicidade, 21

Sobrevivência, 33

Ausência de sentido da dor, 41

Astúcia da dor, 53

A dor como verdade, 61

Poética da dor, 67

Dialética da dor, 75

Ontologia da dor, 83

Ética da dor, 97

O último ser humano, 105

Algofobia

"Dize tua relação com a dor, e te direi quem és!"[1] Este ditado de Ernst Jünger pode ser extrapolado para a sociedade como um todo. A nossa relação com a dor mostra em que sociedade vivemos. Dores são cifras. Elas contêm a chave para o entendimento de toda a sociedade. Assim, cada crítica da sociedade tem de levar a cabo uma hermenêutica da dor. Caso se deixe a dor apenas a cargo da medicina, deixamos escapar o seu caráter de signo [*Zeichencharakter*].

Hoje impera por todo lugar uma *algofobia*, uma angústia generalizada diante da dor. Também a tolerância à dor diminui rapida-

---

1 JÜNGER, E. *Über den Schmerz* [*Sobre a dor*]. In: *Sämtliche Werke* [*Obras completas*]. Essays I, vol. 7. Munique, 1980, p. 143-181; aqui p. 145.

mente. A algofobia tem por consequência uma *anestesia permanente*. Toda condição dolorosa é evitada. Tornam-se suspeitas, entrementes, também as dores de amor. A algofobia se prolonga no social. Conflitos e controvérsias que poderiam levar a confrontações dolorosas têm cada vez menos espaço. A algofobia se estende também à política. A coação à conformidade e a pressão por consenso crescem. A política se orienta em uma zona paliativa e perde toda vitalidade. A "falta de alternativa" é um *analgésico político*. O "centro" difuso atua paliativamente. Em vez de debater e lutar pelos melhores argumentos, entregamo-nos à compulsão por sistema [*Systemzwang*]. Uma pós-democracia se anuncia. Ela é uma *democracia paliativa*. Por isso, Chantal Mouffe demanda uma "política agonística", que não evita confrontações dolorosas[2]. A *política paliativa* não é capaz de visões ou de reformas *penetrantes*.

---

2 Cf. MOUFFE, C. *Agonistik*. Die Welt politisch denken [*Agonística*. Pensar o mundo politicamente]. Munique, 1980, p. 143-191; aqui p. 145.

Ela prefere tomar analgésicos de curto efeito, que apenas aceleram disfunções e rejeições. A política paliativa não tem nenhuma *coragem para a dor*. Desse modo, o igual [*das Gleiche*] avança.

Há uma mudança de paradigma no fundamento da algofobia atual. Vivemos em uma sociedade da positividade, que busca se desonerar de toda forma de negatividade. A dor é a negatividade pura e simplesmente. Também a psicologia segue essa mudança de paradigma e passa, da psicologia negativa como "psicologia do sofrimento", para a "psicologia positiva", que se ocupa com o bem-estar, a felicidade e o otimismo[3]. Pensamentos negativos devem ser evitados. Eles devem ser substituídos imediatamente por pensamentos positivos. A psicologia positiva submete a própria dor a uma lógica do desempenho. A ideologia neoliberal da resiliência transforma experiências traumáticas em catalisadores para o

---

3 Cf. EHRENREICH, B. *Smile or Die*. Wie die Ideologie des positiven Denkes die Welt verdummt [*Smile or Die*. Como a ideologia do pensamento positivo emburrece o mundo]. Munique, 2010.

aumento do desempenho. Fala-se até mesmo de crescimento pós-traumático[4]. O treino de resiliência como treino de resistência espiritual tem de formar, a partir do ser humano, um sujeito de desempenho permanentemente feliz, o mais insensível à dor possível.

A missão de felicidade da psicologia positiva e a promessa de um oásis de bem-estar medicamente produzível são irmanadas. A crise de opioides estadunidense tem [um] caráter paradigmático. Dela toma parte não apenas a cobiça material de uma empresa farmacológica. Antes há, em seu fundamento, uma suposição fatal para a existência humana. Só uma ideologia do bem-estar permanente pode levar a que medicamentos que eram originariamente usados na medicina paliativa sejam usados com grande pompa também nos saudáveis. Não por acaso o especialista em dor estadunidense David B. Morris já notava, décadas atrás: "Os americanos de hoje perten-

---

4 Cf. ILLOUZ, E. & CABANAS, E. *Das Glücksdiktat*. Und wie es under Leben beherrscht [*A ditadura da felicidade*. E como ela domina a nossa vida]. Berlim, 2019.

cem, provavelmente, à primeira geração da Terra que veem uma existência livre de dor como um direito constitucional. Dores são um escândalo"[5].

A sociedade paliativa[6] coincide com a sociedade do desempenho. A dor é vista como um *sinal de fraqueza*. Ela é algo que deve ser ocultado ou ser eliminado por meio da oti-

---

[5] MORRIS, D.B. *Geschichte des Schmerzes* [*História da dor*]. Frankfurt/M., 1996, p. 103.

[6] A expressão original, que também dá nome ao livro, "Palliativgesellschaft", poderia também ser traduzida como "Sociedade do paliativo" – o que estaria mais conforme à tradução padrão das obras de Han para o português do Brasil ("Sociedade do cansaço", "Sociedade da transparência" etc.). Contudo, optamos por traduzir a expressão e o título por "Sociedade paliativa", uma vez que nos parece que, no caso deste título, ocorreria exatamente o inverso do que se dá nos outros (como em "Sociedade da transparência", onde a tradução por "Sociedade transparente" pareceria dizer respeito mais a um traço específico da sociedade do que a um aspecto geral dela que descreve de modo mais amplo o seu funcionamento e o modo como atua sobre os indivíduos nela inseridos): a opção por traduzir como "do paliativo" faria com que o fenômeno a que o título se refere parecesse algo mais específico e particular do que um aspecto mais geral e abrangente da sociedade, como se o paliativo fosse apenas *uma* característica dessa sociedade, em vez de algo que a permeia como um todo e que descreve a sua própria maneira de agir sobre os indivíduos (a saber, justamente, *como* um paliativo, de modo que a própria sociedade é, nesse sentido, *paliativa*) [N.T.].

mização [*wegzuoptimieren*]. Ela não é compatível com o desempenho. A *passividade do sofrer* não tem lugar na sociedade ativa dominada pelo *poder* [*Können*]. Hoje se remove à dor qualquer possibilidade de expressão. Ela é, além disso, condenada a *calar-se*. A sociedade paliativa não permite avivar, verbalizar a dor em uma *paixão*.

A sociedade paliativa é, ademais, uma sociedade do *curtir* [*Gefällt-mir*]. Ela degenera em uma mania de curtição [*Gefälligkeitswahn*]. Tudo é alisado até que provoque bem-estar. O *like* é o signo, sim, o *analgésico do presente*. Ele domina não apenas as mídias sociais, mas todas as esferas da cultura. Nada deve provocar dor. Não apenas a arte, mas também a própria vida tem de ser *instagramável*, ou seja, livre de ângulos e cantos, de conflitos e contradições que poderiam provocar dor. Esquece-se que *a dor purifica*. Falta, à cultura da curtição, a possibilidade da *catarse*. Assim, sufocamo-la com os *resíduos* [*Schlacken*] *da positividade*, que se acumulam sob a superfície da cultura de curtição.

Em um comentário sobre leilões de arte moderna e contemporânea, lê-se: "Seja Monet ou Koons, ou as amadas poses [*Liegeakte*] de Modigliani, ou as figuras femininas de Picasso, ou os campos coloridos sublimes de Rothkos, [ou] mesmo pseudotroféus de Leonardo super-restaurados com o custo mais elevado, [todos eles] têm de evidentemente, à primeira vista, ser atribuídos a um artista (masculino) e ser agradáveis ao ponto da banalidade. Lentamente, pelo menos também uma artista entra nesse círculo: Louise Bourgeois estabelece um novo recorde para uma gigante escultura: 32 milhões por *Spider*, dos anos de 1990. Mas, mesmo aranhas gigantes são, justamente, menos ameaçadoras do que monstruosamente decorativas"[7]. Em Ai Weiwei, mesmo a moral é embrulhada de tal maneira que ela anima para o *like*. Moral e curtição se encontram em uma simbiose bem-sucedida. A dissidência degrada-se em *design*. Jeff Koons, em contrapartida, encena uma arte

---

7 WOELLER, M. "Gefälligkeiten machen sich bezahlt" ["Agrados se fazem pagos"]. In: *Welt*, 18/05/2019.

livre de moral, ostensivamente decorativa do *curtir*. A única reação adequada diante de sua arte é, como ele mesmo ressalta, "Uou"[8].

A arte é, hoje, forçada com toda a violência no espartilho do *curtir*. Essa anestesia da arte não para mesmo diante dos velhos mestres. Assim, eles são colocados em curto-circuito até com o *design* de moda: "A exposição de um retrato escolhido foi acompanhada por um vídeo que demonstrou como *designers* de roupa contemporâneos e pinturas históricas, por exemplo de Lucas Cranach o Velho ou de Peter Paul Rubens, harmonizam-se umas com as outras no que concerne à cor [*Farblich*]. E, naturalmente, não falta a sugestão de que no retrato histórico se trataria de uma forma precursora [*Vorform*] das *selfies* atuais"[9].

A cultura da curtição tem múltiplas causas. Ela remonta, primeiramente, à economificação e à comodificação da cultura. Os produ-

---

8 Cf. HAN, B.-C. *Erretung des Schönen* [*A salvação do belo*]. Frankfurt/M., 2015.

9 MANIA, A. "Alles wird Pop" ["Tudo se torna pop"]. In: *Süddeutsche Zeitung*, 08-09/02/2020.

tos culturais se encontram cada vez mais fortemente sob a coação do consumo. Eles têm de tomar uma forma que os torne consumíveis, ou seja, curtíveis. Essa economificação da cultura acompanha a culturificação da economia. Bens econômicos são dotados de mais-valia cultural. Eles prometem vivências culturais, estéticas. Assim, o *design* se torna mais importante do que o valor de uso. A esfera do consumo penetra a esfera da arte. Assim, as esferas da arte e do consumo se misturam, o que tem por consequência que, agora, a arte se vale da estética do consumo. Ela se torna curtível. Economificação da cultura e culturificação da economia se fortalecem reciprocamente. É desfeita a separação entre cultura e comércio, entre arte e consumo, entre arte e propaganda. Artistas se encontram, eles mesmos, sob a coação de se estabelecerem como marcas. Eles se tornam conformes ao mercado e curtíveis. A culturificação da economia também afeta a produção. A produção pós-industrial, imaterial, apropria-se das formas de práxis artística. Ela tem de ser *criativa*. A criatividade como estratégia econômica permite, porém, apenas *variações do igual*. Ela não tem nenhum acesso ao *inteiramente outro*. Falta a ela a *negatividade da ruptura*, que dói. Dor e comércio se excluem reciprocamente.

Quando a esfera da cultura, separada nitidamente da esfera do consumo, seguia a sua própria lógica, não se esperava dela nenhuma curtição. O ditado de Adorno, de que a arte seria "estrangeiridade [*Fremdheit*] para o mundo"[10], ainda tinha validade. A arte do bem-estar é, desse modo, uma contradição. A arte tem de poder causar estranhamento, perturbar, transtornar, sim, também doer. Ela se encontra *em outro lugar*. Ela está *em casa no estrangeiro*. A aura da obra de arte consiste justamente na estrangeiridade. A dor é o rasgo por meio do qual o inteiramente outro tem entrada. Justamente a negatividade do inteiramente outro torna a arte capaz de uma contranarrativa frente à ordem dominante. A

---

10 ADORNO, T.W. *Ästhetische Theorie* [*Teoria estética*]. In: *Gesammelte Schriften* [*Obras completas*]. R. Tiedemann (ed.), vol. 7. Frankfurt/M., 1970, p. 274.

curtição, em contrapartida, apenas prolonga o igual.

A pele de ganso é, segundo Adorno, a "primeira imagem estética"[11]. Ela é a expressão da irrupção do outro. A consciência que não é capaz de estremecer é uma consciência coisificada. Ela é incapaz da *experiência*, pois é "em sua essência a dor na qual o essencialmente ser-outro do ente se desvela diante do habitual"[12]. Também a vida que recusa toda dor é uma vida coisificada. Só o "ser-tocado pelo outro"[13] mantém a vida viva. Caso contrário, ela permanece presa no *inferno do igual*.

---

11 ADORNO, T.W. *Noten zur Literatur* [*Notas sobre a literatura*]. In: *Gesammelte Schriften* [*Obras completas*]. R. Tiedemann (ed.), vol. 2. Frankfurt/M., 1974, p. 114.

12 HEIDEGGER, M. *Parmenides*. In: *Gesamtausgabe* [*Obras completas*], vol. 54. Frankfurt/M., 1982, p. 249.

13 ADORNO, T.W. *Ästhetische Theorie* [*Teoria estética*]. Op. cit., p. 490.

Coação à felicidade

A dor é uma formação cultural complexa. Sua presença e significado na sociedade depende também de formas de dominação. A sociedade pré-moderna do martírio tem uma relação interior com a dor. Os seus espaços de poder são, justamente, preenchidos por santuários de dor. A dor serve como meio de dominação. A fortaleza soturna, o aterrorizante ritual do mártir e a encenação ostentosa da dor estabilizam a dominação. Corpos martirizados são a insígnia do poder.

Na passagem da sociedade do martírio para a sociedade disciplinar também a relação com a dor se transforma. Em *Vigiar e punir*, Foucault aponta que a sociedade disciplinar insere a dor em uma forma discreta. Ela é submetida a um cálculo disciplinar: "Não mais punições tão imediatamente físicas, uma certa discrição na arte do causar sofrimento, um jogo de dores sutis, silenciosas e discretas [...]: dentro de poucas décadas, desapareceu o corpo martirizado, esquartejado, silenciado, marcado a ferro no rosto ou nos ombros, exposto vivo ou morto, oferecido como espetáculo. Desaparece o corpo como alvo principal da repressão punitiva"[14]. Corpos martirizados não têm mais lugar na sociedade disciplinar, que está direcionada à produção industrial. O poder disciplinar fabrica corpos disciplinados [*gelehrig*] como meios de produção. Também a dor é integrada à técnica disciplinar. A dominação mantém, ainda, uma relação com a dor. Mandamentos e proibições são gravados no sujeito da obediência, sim, ancorados em seu corpo. Na sociedade disciplinar, a dor ainda desempenha um papel construtivo. Ela *forma* o ser humano como meio de produção. Ela, porém, não é mais posta publicamente à exposição, mas sim é descolada para espaços

---

14 FOUCAULT, M. *Überwachen und Strafen*. Die Geburt des Gefängnisses [*Vigiar e punir*. O nascimento da prisão]. Frankfurt/M., 1977, p. 15.

disciplinares fechados como prisões, quartéis, sanatórios, fábricas ou escolas.

A sociedade disciplinar tem uma relação fundamentalmente afirmativa com a dor. Como "disciplina", Jünger caracteriza aquela "forma por meio da qual o ser humano preserva o contato com a dor"[15]. Já o "trabalhador" de Jünger é uma figura da disciplina. Ele se endurece com a dor. A vida heroica, que "se esforça para permanecer ininterruptamente em contato com ela [a dor]", é voltada ao "enrijecimento"[16]. O "rosto disciplinado" é "fechado". Ele tem "um ponto de vista fixo", enquanto o "rosto refinado" de um indivíduo sensível é "nervoso, agitado, mutável" e submetido "aos tipos mais diferentes de influências e estímulos"[17].

Faz parte necessariamente da visão de mundo heroica a dor. Em um manifesto futurista de Aldo Palazzesachi, que traz o título de *A contrador* [*Der Gegenschmerz*], enuncia-se:

---

15 JÜNGER, E. *Über den Schmerz* [*Sobre a dor*]. Op. cit., p. 164s.

16 Ibid., p. 159.

17 Ibid., p. 165.

"Quanto maior a quantidade de riscos que um ser humano consegue descobrir na dor, mais profundo é esse ser humano. Não se pode rir do fundo do coração se não se estava antes profundamente enterrado na dor humana"[18]. Segundo a visão de mundo heroica, a vida deve ser equipada de tal modo que ela esteja "armada" a todo o momento para o confronto com a dor. O corpo como lugar da dor é submetido a uma ordem mais elevada: "Esse procedimento pressupõe, certamente, um posto de comando a partir do qual o corpo é considerado como um posto avançado que o ser humano pode, à longa distância, utilizar e sacrificar no combate"[19].

Jünger contrapõe a disciplina heroica à sensibilidade do sujeito burguês, cujo corpo não é um posto avançado, um meio para um fim mais elevado. Seu corpo sensível é, antes, um fim em si mesmo. Ele perde todo horizon-

---

18 PALAZZESCHI, A. "Der Gegenschmerz" ["A contrador"]. In: BAUMGARTH, C. *Geschichte des Futurismus* [*História do futurismo*]. Reinbek, 1966, p. 255-260; aqui p. 257.

19 JÜNGER, E. *Über den Schmerz* [*Sobre a dor*]. Op. cit., p. 158.

te de significado que permitiria à dor aparecer como dotada de sentido: "O segredo da sensibilidade moderna se baseia apenas nela corresponder a um mundo no qual o corpo é idêntico ao próprio valor. A partir dessa constatação se esclarece a relação desse mundo com a dor como com um poder a ser evitado a todo custo, pois, aqui, a dor não atinge ao corpo como a um posto avançado, mas sim o atinge como o poder central e com o núcleo essencial da própria vida"[20].

Na era pós-industrial e pós-heroica, o corpo não é nem posto avançado, nem meio de produção. O corpo hedonista que, sem relação com um fim mais elevado, apraz-se consigo mesmo e desfruta de si próprio, desenvolve, em oposição ao corpo disciplinado, uma posição de recusa diante da dor. A ele, a dor aparece como inteiramente desprovida de sentido e de utilidade.

O sujeito do desempenho de hoje se distingue fundamentalmente do sujeito discipli-

---

20 Ibid., p. 159.

nar. Ele também não é nenhum "trabalhador" no sentido de Jünger. Na sociedade do desempenho neoliberal, negatividades como mandatos, proibições ou punições dão lugar a positividades como motivação, auto-otimização ou autorrealização. Espaços disciplinares são substituídos por zonas de bem-estar. A dor perde toda relação com o poder e com a dominação. Ela é despolitizada em uma circunstância médica.

Seja feliz é a nova fórmula da dominação. A positividade da felicidade reprime a negatividade da dor. Como capital positivo, a felicidade deve garantir uma capacidade para o desempenho ininterrupta. Automotivação e auto-otimização fazem o dispositivo de felicidade neoliberal muito eficiente, pois a dominação se exerce sem nenhum grande esforço. O submetido nem sequer tem consciência de sua submissão. Ele se supõe livre. Sem qualquer coação estranha, ele explora a si mesmo, crente de que, desse modo, ele se concretiza. A liberdade não é reprimida, mas explorada. *Seja livre* produz uma coação que é mais dominante do que *seja obediente*.

No regime neoliberal, também o poder toma uma forma positiva. Ele se torna *smart*. Em oposição ao poder disciplinar repressivo, o poder *smart* não provoca dor. *O poder é inteiramente desacoplado da dor*. Ele se exerce sem qualquer repressão. A submissão se realiza com auto-otimização e autorrealização. O poder *smart* opera sedutiva e permissivamente. Uma vez que ele se faz passar por liberdade, ele é mais invisível do que o poder disciplinar repressivo. Também a vigilância adquire uma forma *smart*. Somos permanentemente requeridos a comunicar nossas carências, desejos e preferências e a narrar a nossa vida. Comunicação total e vigilância total, exposição pornográfica e vigilância panóptica coincidem. Liberdade e vigilância se tornam indistinguíveis.

O dispositivo de felicidade neoliberal nos distrai do sistema de dominação [*Herrschaftszusammenhang*] existente ao nos obrigar apenas à introspecção da alma. Ele cuida para que cada um se ocupe apenas ainda consigo mesmo, com a sua própria *psyché*, em vez de interrogar criticamente as relações sociais. O sofrimento pelo qual a sociedade seria responsável é privatizado e psicologizado. Devem se melhorar não as condições sociais, mas sim as da alma. A demanda pela otimização da alma, que, na realidade, obriga a uma adequação às relações de dominação, oculta misérias sociais. Assim, a psicologia positiva sela o *fim da revolução*. Não revolucionários, mas treinadores de motivação tomam o palco, e cuidam para que não surja nenhum descontentamento [*Unmut*], sim, nenhuma raiva [*Mut*]: "Na véspera da crise econômica mundial na década de 1920, com as suas extremas oposições sociais, houve muitos representantes dos trabalhadores e ativistas radicais que denunciaram o excesso dos ricos e a miséria dos pobres. No século XXI, em contrapartida, uma ninhada numerosa e inteiramente diferente de ideólogos disseminou o contrário – que, em nossa sociedade profundamente desigual, tudo estaria bem, e que, para aqueles que se esforçassem, ficaria ainda melhor. Motivadores e outros representantes do pensamento positivo tinham uma boa oferta para as pessoas que, por causa do mercado de trabalho constantemente oscilante, estavam à beira da ruína econômica: Dê boas-vindas a toda 'mudança' angustiante e a veja como uma oportunidade"[21].

Também a vontade incondicionada de combate à dor faz esquecer que esta é *socialmente mediada*. A dor reflete rejeições socioeconômicas que se inscrevem tanto no psíquico como também no corporal. Analgésicos, prescritos em massa, ocultam relações sociais que levam à dor. A medicalização e a farmacologização exclusiva da dor impedem que ela se torne *fala*, sim, *crítica*. Elas tiram da dor o caráter objetivo, o caráter social. Com a insensibilização induzida medicinal ou medialmente, a sociedade paliativa se imuniza contra a crítica. Também mídias sociais e jogos de computador atuam como anestésicos. A anestesia permanente social impede o conhecimento e a reflexão, reprime a *verdade*. Em *Dialética negativa*, Adorno escreve: "A necessidade de deixar o sofrimento se tornar eloquente é condição de toda verdade, pois o sofrimento é a

---

21 EHRENREICH, B. *Smile or Die*. Op. cit., p. 206.

objetividade que enfarda o sujeito; o que ele experimenta como o mais subjetivo é mediado objetivamente"[22].

O dispositivo de felicidade individualiza o ser humano e leva à despolitização e à dessolidarização da sociedade. Cada um tem de cuidar da própria felicidade. Ela se torna um assunto privado. Também o sofrimento é interpretado como resultado do próprio fracasso. *Assim há, em vez de revolução, depressão*. Enquanto buscamos curar nossa própria alma, perdemos de vista os contextos sociais que levam a rejeições sociais. Se medos e incertezas nos assolam, responsabilizamos não a sociedade, mas nós mesmos por isso. O fermento da revolução é, porém, a *dor sentida em comum*. O dispositivo de felicidade neoliberal a sufoca no [seu] germe. A sociedade paliativa *despolitiza* a dor ao *medicalizá-la* e *privatizá-la*. É oprimida e reprimida, assim, também a *dimensão social da dor*. Nenhum protesto parte daquelas dores crônicas que podem ser interpretadas como

---

22 ADORNO, T.W. *Negative Dialektik* [*Dialética negativa*]. Frankfurt/M., 1966, p. 29.

fenômenos da sociedade do cansaço. O cansaço na sociedade do desempenho neoliberal é não político porque representa um *cansaço-do-Eu* [*Ich-Müdigkeit*]. Ele é um sintoma do sujeito do desempenho sobrecarregado e narcísico. Ele individualiza as pessoas, em vez de ligá-las em um *Nós*. Ele deve ser distinguido daquele *cansaço-do-Nós* [*Wir-Müdigkeit*], que promove a comunidade. O *cansaço-do-Eu* é a melhor profilaxia contra a revolução.

O dispositivo de felicidade neoliberal coisifica a felicidade. A felicidade é mais do que a soma de sentimentos positivos que prometem um desempenho mais elevado. Ela se furta à lógica da otimização. Inere a ela uma negatividade. A verdadeira felicidade só é possível *rompida* [*gebrochen*]. É justamente a dor que protege a felicidade da coisificação. E ela lhe concede uma duração. A dor *carrega* a felicidade. A *felicidade dolorosa* não é um oxímoro. Toda *intensidade* é dolorosa. A *paixão* liga dor e felicidade. Dor e felicidade são, segundo Nietzsche, "dois irmãos e gêmeos, que crescem juntos ou [...] juntos – *permanecem pe-*

quenos"[23]. Se se impede a dor, a felicidade se achata, assim, em um conforto surdo. Quem não é receptível à dor se fecha à felicidade profunda: "A plenitude dos *tipos* de sofrimento cai como um redemoinho de neve sobre tal ser humano, assim como os mais fortes raios de dor se descarregam neles. Apenas sob essa condição de permanecer aberto por todos os lados, e até a maior profundeza à dor, ele pode estar aberto aos tipos mais refinados e elevados de felicidade [...]"[24].

---

23 NIETZSCHE, F. *Fröhliche Wissenschaft* [*A gaia ciência*]. Kritische Studienausgabe in 15 Bänden [edição crítica em 15 volumes]. G. Colli e M. Montinari (eds.). Munique, 1999, vol. 3, p. 567.

24 NIETZSCHE, F. *Nachgelassene Fragmente 1880-1882* [*Fragmentos póstumos 1880-1882*]. Kritische Studienausgabe [edição crítica]. Op. cit., vol. 9, p. 641.

Sobrevivência

O vírus é o espelho de nossa sociedade. Ele revela em qual sociedade vivemos. Hoje, a sobrevivência é absolutizada, como se nos encontrássemos em um estado permanente de guerra. Todas as forças da vida são usadas para prolongar a vida. A sociedade paliativa se mostra como uma sociedade da sobrevivência. Em vista da pandemia, a luta amarga pela sobrevivência sofre uma acentuação viral. O vírus penetra na zona de bem-estar paliativa e a transforma em uma quarentena, na qual *a vida se enrijece inteiramente na sobrevivência*. Quanto mais o viver [*Leben*] é um sobreviver [*Überleben*], mais medo se tem diante da morte. A pandemia torna novamente visível a morte que nós reprimimos e terceirizamos meticulosamente. A sobrepresença da morte nas mídias de massa deixa as pessoas nervosas.

A sociedade da sobrevivência perde inteiramente o sentido para a *boa vida*. Também o desfrute [*Genuss*] é sacrificado à saúde elevada a um fim em si mesma. A rigorosidade da proibição do fumo, por exemplo, dá testemunho de uma histeria da sobrevivência. Também o desfrute tem de dar lugar à sobrevivência. O prolongamento da vida a todo custo avança globalmente a valor supremo, que invalida todos os outros valores. Pela sobrevivência sacrificamos voluntariamente tudo que faz a vida digna de ser vivida. Em vista da pandemia, adota-se sem questionamento ainda a limitação radical de direitos fundamentais. Sem resistência, sujeitamo-nos ao estado de exceção que reduz a vida à vida nua. Sob o estado de exceção viral, trancamo-nos voluntariamente na quarentena. Esta é uma variante viral do *campo* no qual a vida nua impera[25].

---

25 Cf. AGAMBEN, G. *Homo sacer*. Die souveräne Macht und das nackte Leben [*Homo sacer*. O poder soberano e a vida nua]. Frankfurt/M., 2002.

O campo de trabalho neoliberal em tempos de pandemia se chama "*home office*". Apenas a ideologia da saúde e a liberdade paradoxal da autoexploração o distinguem do campo de trabalho do regime despótico.

Em vista da pandemia, a sociedade da sobrevivência proíbe mesmo a missa de Páscoa. Também sacerdotes praticam o "*social distancing*" e usam máscaras de proteção. Eles sacrificam a fé inteiramente à sobrevivência. De modo paradoxal, o amor ao próximo se expressa como o manter distância. O próximo é um portador do vírus em potencial. A virologia desapossa a teologia. Todos escutam os virologistas, que adquirem uma dignidade de interpretação absoluta. A narrativa da ressurreição dá lugar inteiramente à ideologia da saúde e da sobrevivência. Em vista do vírus, a fé degrada-se em uma farsa. Ela é substituída por estações intensivas e aparelhos de respiração. Diariamente se contam os mortos. A morte domina inteiramente a vida. A morte esvazia a vida em sobrevivência.

A histeria da sobrevivência torna a vida radicalmente impermanente, pois a vida é reduzida a um processo biológico que deve ser otimizado. Ela perde toda dimensão *metafísica*. O *self-tracking* evolui em um culto. A hipocondria digital, a permanente automedição com apps de saúde e *fitness* degradam a vida a uma *função*. A vida é despida de toda narrativa promotora de sentido. Ela não é mais o *narrável* [*Erzählbare*], mas o *mensurável* [*Messbare*] e o *contável* [*Zählbare*]. A vida se torna nua, sim, obscena. Nada promete permanência. Desvanecem inteiramente também todos aqueles símbolos, narrativas ou rituais que fariam a vida ser mais do que um mero sobreviver. Práticas culturais como o culto aos antepassados dão também aos mortos uma vivacidade. Vida e morte se vinculam em uma troca simbólica. Uma vez que aquelas práticas culturais que estabilizam a vida se perderam inteiramente, domina a histeria da sobrevivência. Hoje nos parece especialmente difícil morrer, pois não é mais possível encerrar a vida de modo dotado de sentido. Ela termina em um tempo inoportuno. Quem não consegue morrer no tempo certo tem de terminar em tempo inoportuno. Envelhecemos [*altern*] sem nos tornarmos *velhos* [*alt*].

Falta ao capitalismo a narrativa da boa vida. Ele absolutiza a sobrevivência; é nutrido pela crença inconsciente de que mais capital significa menos morte. O capital é acumulado contra a morte. Ele é imaginado como *faculdade* [*Vermögen*] de sobrevivência[26]. Em vista do tempo de vida finito, o capital é acumulado. A pandemia coloca o capitalismo, de fato, em um [estado de] choque, mas não o suprime. Dela, não parte nenhuma contranarrativa contra o capitalismo. Uma revolução viral não terá ocorrido. A produção capitalista não é desacelerada, mas sim mantida compulsoriamente. Impera uma paralisação nervosa. A quarentena não leva ao ócio, mas a uma inatividade forçada. Ela é não e nenhum lugar do *demorar-se*. Em vista da pandemia, não se dá simplesmente prioridade à sobrevivência em

---

26 Cf. HAN, B.-C. *Kapitalismus und Todestrieb*. Essays und Interviews [*Capitalismo e pulsão de morte*. Ensaios e entrevistas]. Berlim, 2019.

relação à economia. Toda a economia do crescimento e do desempenho está em vigor, mesmo para a sobrevivência.

Deve-se opor à luta pela sobrevivência o cuidado com a *boa vida*. A sociedade dominada pela histeria da sobrevivência é uma sociedade dos mortos-vivos. Estamos vivos demais para morrer e mortos demais para viver. No cuidado exclusivo com a sobrevivência nos igualamos ao vírus, esse ser morto-vivo que apenas se multiplica, ou seja, sobrevive sem viver.

A sociedade paliativa é uma sociedade da positividade. Uma *permissividade sem limites* a caracteriza. *Diversity, community* ou *sharing* [diversidade, comunidade ou partilhamento] são suas palavras-chave. O *outro como inimigo* é levado ao desaparecimento. A circulação de informação e capital, que deve ser acelerada, alcança a sua velocidade máxima lá, onde ela não esbarra em nenhuma resistência imunológica do outro. Desse modo, transições [*Übergang*] são aplainadas em passagens [*Durchgängen*]. Fronteiras são desfeitas. Ondas são derrubadas. A defesa imunológica do outro é radicalmente reduzida.

A sociedade organizada imunologicamente é, como no tempo da Guerra Fria, envolta por cercas e muros. O espaço consiste em *blocos* separados uns dos outros. As barreiras imunológicas freiam, porém, a circulação de mercadorias e capital. A globalização que, depois do fim da Guerra Fria, instaurou-se massivamente como processo de desimunização, desfaz radicalmente essas barreiras, a fim de acelerar o fluxo de mercadorias e de capital. A negatividade do inimigo, que atua imunologicamente, não faz parte da constituição da sociedade do desempenho neoliberal. Guerreia-se aqui, antes de tudo, consigo mesmo. A exploração pelo outro dá lugar à autoexploração.

O vírus dispara, agora, uma *crise imunológica*. Ele penetra na sociedade permissiva fortemente enfraquecida imunologicamente e a coloca em um estado de choque. Fronteiras são novamente fechadas em pânico. Espaços são isolados uns dos outros. Movimentos e contatos são radicalmente limitados. Toda a sociedade retrocede para o *modo de defesa imunológico*. Lidamos, aqui, com um *retorno do inimigo*. Guerreamos, agora, com o vírus como inimigo invisível.

A pandemia se comporta como o terrorismo, que, como ela, lança contra a vida nua uma morte nua e, desse modo, provoca uma intensa reação imunológica. Em aeroportos, todos são tratados como um terrorista em potencial. Sem resistência, submetemo-nos a medidas de segurança humilhantes. Permitimos que nossos corpos sejam revistados em busca de armas escondidas. O vírus é como um terror advindo do ar. Suspeita-se de todos como portadores em potencial do vírus, o que produz uma sociedade da quarentena e tem por consequência um regime de vigilância biopolítico. A pandemia não coloca à vista nenhuma outra forma de vida. Na guerra com o vírus, a vida é, mais do que nunca, uma sobrevivência. A histeria da sobrevivência se acentua viralmente.

Ausência de sentido da dor

Uma marca fundamental da experiência de dor atual consiste em a dor ser percebida como desprovida de sentido. Não há mais referências de sentido que, em vista da dor, deem suporte e orientação. A *arte de sofrer a dor* se perdeu inteiramente para nós. A medicalização e a farmacologização exclusivas da dor destroem o "programa cultural da superação da dor"[27]. A dor é, agora, um mal sem sentido, que deve ser combatido com analgésicos. Como mera aflição corporal, ela cai inteiramente fora da *ordem simbólica*.

Monsieur Teste, de Paul Valéry, encarna o sujeito burguês moderno e sensível que expe-

---

27 ILLICH, I. *Die Nemesis der Medizin*. Dir Kritik der Medikalisierung des Lebens [*O nemesis da medicina*. A crítica da medicalização da vida]. Munique, 2007, p. 104.

rimenta a dor como sem sentido, como pura aflição corporal. Ele abandonou definitivamente toda narrativa cristã, que atuava como um narcótico ou estimulante divino: "A dor não porta nenhum tipo de significado"[28]. Desse modo, Valéry traz à fala um pensamento insuportável, que pesa tanto quanto a morte de Deus. Perde-se para o ser humano um espaço de proteção narrativo e, desse modo, também a possibilidade de uma dor sustentada simbolicamente: "A proposição lapidar caracteriza o ponto-final histórico de um desenvolvimento no qual a dor seria retirada de sua codificação cultural tradicional. A dor aparece, pela primeira vez, como um objeto resistente ao significado [...]. A possibilidade de formular uma proposição como essa pressupõe violentos trabalhos de remoção. Fisiólogos e anatomistas removeram aparentemente, no século XIX, definitivamente a semântica cristã do corpo cultural [...]. A proposição de Valéry se en-

---

28 STAROBINSKI, J. *Kleine Geschichte der Körpergefühls* [*Pequena história do sentimento do corpo*]. Munique, 2007, p. 104.

contra na vizinhança do ditado de Nietzsche 'Deus está morto'. Com essas proposições, o frio do cosmos se assenta em nossos ossos"[29].

Para Monsieur Teste, a dor não é narrável. Ela destrói a linguagem. Onde ela se instala, a proposição se quebra. Apenas pontos de omissão apontam para a sua existência: "'[...] Ah!' Ele sofreu dores. 'Eu não tenho', disse ele, '[...] nada demais. Eu tenho... Espere... [...] Eu conto grãos de areia... e, enquanto eu os vejo... – minha dor crescente me obriga a observá-la. Eu penso nela! – eu aguardo apenas meu berro, e assim que o ouvi – a *coisa*, a *coisa* pavorosa se torna menor e menor e se furta à minha visão interior...'"[30].

Monsieur Teste se cala em vista da dor. A dor lhe rouba a fala. Ela destrói para ele o

---

29 LETHEN, H. "'Schmerz hat keinerlei Bedeutung' (Paul Valéry), Oder: Gibt es Ereignisse, die den Kulturwissenschaften den Atem verschlagen?" ["'A dor não tem nenhum significado' (Paul Valéry), ou: Há acontecimentos que tiram o ar das ciências da cultura?"]. In: *Wo ist Kultur?* Perspektiven der Kulturanalyse [*Onde está a cultura?* Perspectivas da análise da cultura]. Th. Forrer e A. Linke (eds.). Zurique, 2014, p. 37-56; aqui p. 42.

30 VALÉRY, P. *Monsieur Teste*. M. Rychner (trad.). Leipzig/Weimar, 1980, p. 29.

mundo e o encapsula no corpo mudo. A mística cristã Teresa de Ávila pode ser indicada como uma contrafigura de Monsieur Teste. Nela, a dor é extremamente eloquente. Com a dor começa a narrativa. A narrativa cristã verbaliza a dor e transforma também o corpo da mística em um palco. A dor aprofunda a relação com Deus. Ela produz uma intimidade, uma intensidade. Ela é até mesmo um acontecimento erótico. Uma erótica divina faz com que ela se inverta em deleite [*Wollust*]: "Nas mãos do anjo que apareceu para mim pareceu-me haver um pouco de fogo. Pareceu-me como se ele perfurasse algumas vezes meu coração com a flecha, perfurasse até o mais íntimo, e quando ele novamente a retirava, era para mim como se ele também tirasse essa parte mais íntima do coração. Quando ele me abandonou, eu estava inteiramente ensandecida com amor ardente por Deus. A dor desse ferimento era tão grande que ela espremeu de mim os mencionados suspiros de lamúria; mas também o gozo que essa dor incomum causou foi tão efusivo que me era impossível conseguir me libertar dele, nem eu poderia me contentar com algo menos do que com Deus. Essa não é uma dor corporal, mas espiritual, não importa o quanto o corpo tome parte dela e, de fato, em uma medida não pequena"[31].

Segundo Freud, a dor é um sintoma que indica um bloqueio na história de uma pessoa. O paciente, por causa de seu bloqueio, não está em condições de avançar na história. Dores psicogênicas são expressões de palavras soterradas, reprimidas. A palavra se tornou *coisal* [*dinghaft*]. A terapia consiste em libertar a pessoa desse bloqueio de falar, tornar a sua história novamente fluida. A dor do Monsieur Teste é uma "*coisa*", uma "*coisa* pavorosa". Ela se furta a qualquer narrativa. Sem passado e futuro, ela se enrijece no presente mudo do corpo: "Se a dor de repente se abate, ela não esclarece nenhum passado: ela ilumina apenas as zonas corporais presentes. Ela evoca um

---

31 VON JESU, T. *Das Leben der heiligen Theresia von Jesu*. Sämtliche Schriften der heiligen Theresia von Jesu [*A vida da Santa Teresa de Jesus*. Obras completas da Santa Teresa de Jesus], vol. 1. Munique, 1931, p. 281.

eco local [...]. Assim, ela reduz a consciência a um curto presente, a um horizonte atado e roubado de seu horizonte futuro [...]. Aqui estamos, agora, o mais longe possível de qualquer história [...]"[32].

A dor se *coisificou*, hoje, em uma aflição puramente corporal. Que a dor não tenha nenhum significado não se deixa compreender unilateralmente como um ato emancipatório que a livraria, por exemplo, de coações teológicas. A ausência de sentido da dor aponta, antes, para o fato de que a nossa vida, reduzida a um processo biológico, *é ela mesma esvaziada de sentido*. O ser dotado de sentido [*Sinnhaftigkeit*] da dor pressupõe uma narrativa que insere a vida em um horizonte de sentido. A dor sem sentido é possível apenas em uma vida nua esvaziada de sentido, que *não narra mais*.

Em *Imagens de pensamento*, Benjamin aponta para aquelas mãos curadoras cujos movimentos incomuns transmitem a impressão de que seria como se elas *narrassem uma história*.

---

[32] STAROBINSKI, J. *Kleine Geschichte des Körpergefühls* [*Pequena história do sentimento do corpo*]. Op. cit., p. 136.

Parte, das narrativas, uma força curativa: "A criança está doente. A mãe a traz para a cama e se senta ao seu lado. E então ela começa a lhe contar histórias"[33]. Benjamin pensa que a narrativa que o doente confia ao médico no início de seu tratamento introduz o processo de cura. Benjamin se pergunta "se toda doença não seria curável, se ela apenas se deixasse fluir longe o bastante, até a boca, no fluxo do narrar". A dor é uma "barragem" que, a princípio, resiste ao fluxo da narrativa. Ela é, porém, "rompida", se "o seu declive [do fluxo narrativo] se torna forte o bastante para levar tudo que ele encontra nesse caminho para o mar do feliz esquecimento". A mão da mãe que acaricia a criança doente traça para o fluxo narrativo uma cama. A dor, porém, não é uma mera barragem que resiste ao fluxo narrativo. Antes, é a própria dor que permite que ele aumente, a fim de poder ser arrastada com ele. *É a dor que põe primeiramente a narrativa em [seu] ca-*

---

33 BENJAMIN, W. *Denkbilder*. In: *Gesammelte Schriften* [*Obras reunidas*]. R. Tiedemann e H. Schweppenhäuser (ed.), vol. I. Frankfurt/M., 1971, p. 305-438; aqui p. 430.

minho. Só assim a dor seria, de fato, "um fluxo navegável com águas que nunca cessam e que o levam [o ser humano] ao mar"[34].

Vivemos, hoje, em um tempo pós-narrativo. Não a narrativa [*Erzählung*], mas sim a contagem [*Zählung*] determina a nossa vida. A narrativa é a capacidade do *espírito* de superar a contingência do corpo. Por isso, não é absurda a ideia de Benjamin de que a narrativa poderia curar toda doença. Também xamãs expulsam doenças e dores com evocações mágicas que têm um caráter narrativo. O corpo ganha poder onde o espírito se retira. Em vista da veemência da dor tornada sem sentido, não resta nada ao espírito senão confessar a sua impotência: "A pergunta de Teste: 'O que pode um ser humano?' é um desafio que se baseia no *máximo* daquilo que um ser humano pode. Mas também se deve considerar um *mínimo*: se a sensibilidade 'excede toda resposta', se a 'parte indomada do organismo' ganha o predomínio, o poder [*Vermögen*] do ser humano

---

34 BENJAMIN, W. *Gesammelte Schriten* [*Obras reunidas*]. Op. cit., vol. VI. Frankfurt/M., 1985, p. 83.

é reprimido por seu 'potencial de dor'. Quer plana ou profunda, aquilo que Valéry descobre repetidamente é a *onda* na qual o corpo, que ficou sozinho no palco, dá ao espírito apenas o pouco de iluminação que ele precisa para reconhecer a sua derrota"[35].

Monsieur Teste antecipa o ser humano hipersensível da modernidade tardia, que sofre dores sem sentido. Aquela onda de dor na qual o espírito reconhece sua impotência afunda rapidamente hoje. O *espírito* como faculdade [*Vermögen*] narrativa se desfaz. Justamente na modernidade, na qual o meio ambiente produz cada vez menos dor em nós, nossos nervos de dor parecem se tornar cada vez mais sensíveis. A algofobia nos torna extremamente sensíveis à dor. Ela pode, até mesmo, induzir dores. O corpo disciplinado, que tem de repelir muitas das dores vindas de fora, é pobre de sensibilidade. Uma intencionalidade inteiramente diferente o caracteriza. Ele não se ocupa consigo mesmo. Antes, ele está voltado

---

[35] STAROBINSKI, J. *Kleine Geschichte des Körpergefühls* [*Pequena história do sentimento do corpo*]. Op. cit., p. 137s.

para fora. A nossa atenção, em contrapartida, volta-se em uma elevada medida ao próprio corpo. Como Monsieur Teste, aninhamo-nos obsessivamente no corpo. Essa *introspecção narcisista, hipocondríaca*, é, certamente, corresponsável por nossa hipersensibilidade.

O conto de fadas de Andersen, *Princesa na ervilha*, pode ser lido como uma parábola para a hipersensibilidade do sujeito da modernidade tardia. Uma ervilha sob o colchão provoca na futura princesa tanta dor que ela tem uma noite sem sono. Hoje as pessoas estão, certamente, adoecidas da "síndrome-da-princesa-da-ervilha"[36]. O paradoxo dessa síndrome de dor consiste em que se sofre cada vez mais com cada vez menos. A dor não é nenhuma grandeza objetivamente constatável, mas uma sensação subjetiva. Expectativas crescentes em relação à medicina, em conjunto com a ausência de sentido da dor, fazem com que mesmo dores módicas pareçam insuportáveis.

---

36 Cf. MARQUARD, O. *Skepsis und Zustimmung* – Philosophische Studein [*Skepsis e assentimento* – Estudos filosóficos]. Stuttgart, 1994, p. 99-109.

E não temos mais nenhuma referência de sentido, nenhuma narrativa, nenhuma instância superior e objetivos que revistam a dor e a tornem suportável. Se a ervilha dolorosa some, as pessoas começam, então, a sofrer com colchões moles. É, justamente, a própria e persistente ausência de sentido da vida que dói.

Astúcia da dor

A dor certamente faz parte das coisas que não desaparecem. Ela apenas muda a sua forma de manifestação [*Erscheinungsform*]. Para Jünger, ela faz parte daquelas forças elementares que não podemos levar ao desaparecimento. Jünger compara o ser humano moderno com Simbad, o marinheiro. Com os seus companheiros, ele se banqueteia e passeia alegremente em uma ilha que, na realidade, é as costas de um peixe gigante. Despertado pelo fogo em suas costas, ele mergulha nas profundezas. Simbad é lançado ao mar. Encontramo-nos, segundo Jünger, "na condição dos andarilhos que marcharam por muito tempo sobre um mar congelado, cujo nível, em temperaturas alteradas, começa a desfazer-se em grandes pedaços"[37]. A dor é aquele elemento que brilha obscuramente através do rasgo do gelo. O sentimento de segurança com que deliramos deriva do fato "de que a dor é expulsa para as margens, em benefício de um conforto mediano"[38]. Com cada ampliação, porém, daquela represa que protege o ser humano das forças elementares, também aumenta a ameaça.

A pandemia que irrompeu recentemente mostra que a represa erguida contra as forças elementares pode romper a qualquer momento. Os seres humanos são, junto com outros animais, segundo o paleontólogo Andrew H. Knoll, apenas "a cobertura [de bolo] da evolução" (*evolution's icing*)[39]. A verdadeira "cozinha" consistiria, em contrapartida, em micróbios, que ameaçam a qualquer momento irromper através daquela frágil superfície. Simbad o marinheiro, que toma as costas de

---

37 JÜNGER, E. *Über den Schmerz* [*Sobre a dor*]. Op. cit., p. 152.

38 Ibid., p. 158.

39 KNOLL, A.H. *Life on a Young Planet* [*A vida em um planeta jovem*]. Princeton, 2003, p. 41.

um peixe por uma ilha segura, é, certamente, uma metáfora duradoura para a perplexidade humana. O ser humano delira estar em segurança, enquanto é só uma questão de tempo até que ele seja arrastado pelos elementos para o abismo. No antropoceno, então, o ser humano é mais vulnerável do que nunca. A violência que ele comete contra a natureza rebate nele com uma força ainda maior.

Jünger pensa que a dor não pode ser levada ao desaparecimento. Ele fala da economia da dor. Se ela é colocada em segundo plano, desse modo, ela se assoma ocultamente em um "capital invisível", que "se aumenta com juros e juros sobre juros"[40]. Parafraseando a "astúcia da razão" de Hegel, Jünger postula a "astúcia da dor". Desse modo, a dor escapa a anteparos artificiais, penetrando na vida na forma de gotejos, até que a preencha inteiramente: "Nenhuma reivindicação é mais certa do que aquela que a dor tem sobre a vida. Onde se poupa a dor, se restaura o equilíbrio

---

40 JÜNGER, E. *Über den Schmerz* [*Sobre a dor*]. Op. cit., p. 158.

segundo as leis de uma economia inteiramente determinada, e é possível falar, tomando de empréstimo uma expressão conhecida, de uma 'astúcia da dor', que alcança o seu objetivo por todos os caminhos. Quando se tem diante dos olhos a condição de um amplo conforto, pode-se simplesmente perguntar onde são suportados os fardos. Via de regra, não se terá que ir longe para rastrear a dor, e, assim mesmo, o indivíduo que desfruta da segurança não se encontra inteiramente livre dela. O isolamento artificial das forças elementares consegue, de fato, impedir os contatos brutos e banir as sombras, não, porém, a luz dispersa com que a dor, em troca, começa a preencher o espaço. O recipiente que é fechado ao fluxo inteiro é preenchido com gotejos. Assim, o tédio não é senão a dissolução da dor no tempo"[41].

Não é inteiramente implausível o postulado de Jünger de uma astúcia da dor. Evidentemente, a dor não se deixa suprimir da vida. Ela parece fazer suas reivindicações sobre a vida valerem por todos os caminhos, pois, apesar

---

41 Ibid., 156.

de grandes avanços na medicina da dor, a dor não diminui. Mesmo com um grande arsenal de analgésicos, as dores não podem ser vencidas. De fato, como Jünger formula, as sombras são banidas, mas, em contrapartida, o espaço é preenchido pela luz dispersa. Em forma diluída, a dor é amplamente disseminada. A epidemia atual das dores crônicas parece confirmar a tese de Jünger. Justo na sociedade paliativa hostil à dor, multiplicam-se as dores *silenciosas*, apinhadas nas margens, que persistem em sua ausência de sentido, fala e imagem.

Diferentes formas de violência estão no fundamento das dores. Repressões, por exemplo, representam uma *violência da negatividade*. Elas são praticadas por outros. A violência, porém, não parte apenas do outro. A violência também é o excesso de positividade que se manifesta como hiperdesempenho, hipercomunicação e hiperestimulação. A *violência da positividade* leva a dores de sobrecarga. Algógenas são, hoje, sobretudo aquelas tensões físicas que são características para a sociedade do desempenho neoliberal. Elas indicam traços autoagressivos. O sujeito de desempenho comete violência consigo próprio. Ele explora a si mesmo voluntariamente, até que ele desmorone. O servo tira o chicote da mão do senhor e chicoteia a si próprio para se tornar senhor, sim, para ser livre. O sujeito do desempenho está em guerra consigo mesmo. As *pressões* internas que surgem aí o derrubam em depressão. Elas também causam dores crônicas.

O comportamento autoagressivo cresce rapidamente hoje. "Fendas" se desenvolvem em uma epidemia global. Retratos de cortes profundos que se fez em si mesmo circulam em redes sociais. Eles são novos retratos de dor. Eles apontam para a sociedade dominada pelo narcisismo, na qual cada um está carregado consigo mesmo até o ponto da insuportabilidade. "Fendas" são uma tentativa vã de descartar esse fardo do ego, de irromper para fora de si mesmo, para fora das tensões destrutivas internas. Esses novos retratos da dor são *o outro lado sangrento das selfies.*

Viktor von Weizsäcker descreve a cena originária da cura da seguinte forma: "Quando a irmãzinha vê o irmãozinho com dor, ela encontra, antes de todo conhecimento, um caminho: acariciante, a sua mão encontra o caminho, acariciante, ela quer tocá-lo lá, onde dói – *assim, a pequena samaritana se torna a primeira médica*. Um saber prévio de um efeito originário reside inconscientemente nela; ele conduz o seu impulso até a mão e leva a mão ao contato que surte efeito. Porque é isso que seu pequeno irmão experimentará: sua mão o faz se sentir bem. Entre ele e sua dor, surge a sensação de ser tocado pela mão fraternal, e a dor se recolhe diante dessa nova sensação"[42]. Hoje, afastamo-nos cada vez mais dessa cena originária da cura. Torna-se cada vez mais rara a experiência do cuidado curador como sensação de *ser tocado e abordado*. Vivemos em uma sociedade com crescente solidão e isolamento. Narcisismo e egoísmo se acentuam. Também a crescente concorrência, a solidariedade e a empatia cada vez menores individua-

---

42 VON WEIZSÄCKER, V. "Die Schmerzen" ["As dores"]. In: *Der Arzt und der Kranke*. Stücke einer medizinischen Anthropologie [*O médico e o doente*. Peças de uma antropologia médica]. In: *Gesammelte Schriften* [*Obras completas*], vol. 5. Frankfurt/M., 1987, p. 27-47; aqui p. 27.

lizam as pessoas. Para dores, a solidão e a experiência de proximidade faltante funcionam como um amplificador. Talvez dores crônicas como aqueles cortes autoinduzidos sejam um grito do corpo por atenção [*Zuwendung*] e por proximidade, sim, pelo amor, uma indicação eloquente de que, hoje, dificilmente ocorrem *contatos*. Falta-nos, evidentemente, a curadora *mão do outro*. Nenhum analgésico pode substituir aquela cena originária da cura.

A etiologia da dor crônica é múltipla. Rejeições, distorções e tensões em conjunturas sociais causam ou fortalecem dores crônicas. Não por último é o vazio de sentido da sociedade atual que faz as dores crônicas insuportáveis. Elas refletem a nossa sociedade esvaziada de sentido, o nosso *tempo sem narrativa*, no qual a vida se tornou uma sobrevivência nua. Analgésicos ou pesquisas psicológicas não conseguem fazer muito aqui. Eles apenas nos tornam cegos diante das causas socioculturais da dor.

A dor como verdade

Em seu ensaio *As dores*, Viktor von Weizsäcker caracteriza a dor como uma "verdade que se tornou carne", como um "tornar-se carne da verdade". Onde separações doem, vínculos feitos se mostram como verdadeiros. Apenas verdades doem. *Tudo que é verdadeiro é doloroso*. A sociedade paliativa é uma sociedade sem verdade, um inferno do igual. A "conjuntura das ordens vitais" se revela primeiramente "no fio de Ariadne das dores"[43]. A ordem vital é uma "ordem da dor". A dor é um critério confiável da verdade, um "instrumento da separação do verdadeiro e do falso nas manifestações do vivente"[44]. A dor só pode surgir lá onde um verdadeiro pertencimento é

---

43 Ibid., p. 35.

44 Ibid.

ameaçado. Sem a dor somos, então, cegos, incapazes de verdade ou de conhecimento: "Essas separações doem lá, onde os vínculos foram verdadeiros e se tornaram carne. E lá onde um ser humano pode sofrer dor é onde ele verdadeiramente está, lá ele também – sabendo ou não – amou. Assim se abre uma vista da conjuntura mundial: onde o ente é capaz de dor, lá ele está verdadeiramente inserido, não apenas [em] um-ao-lado-do-outro [*Nebeneinander*] mecânico e espacial, mas [em] um-com-o-outro [*Miteinander*] real, ou seja, vivo"[45]. Sem dor, nem amamos [*geliebt*], nem vivemos [*gelebt*]. A vida é sacrificada pela *sobrevivência confortável*. Apenas uma relação viva, um verdadeiro um-com-o-outro, é capaz de dor. Um um-ao-lado-do-outro sem vida e funcional não sente nenhuma dor, mesmo se ele desmorona. É a dor que distingue o um-com-o-outro vivo do um-ao-lado-do-outro morto.

Dor é vínculo. Quem recusa todo estado doloroso é incapaz de vínculos. Vínculos intensivos que poderiam doer são, hoje, evita-

---

45 Ibid.

dos. Tudo se desenrola em uma zona de conforto paliativa. Em seu livro *Elogio do amor*, Alain Badiou aponta para o anúncio de um site de relacionamentos: "É muito fácil estar apaixonado sem sofrer!"[46] O *outro como dor* desaparece. O amor como consumo, que coisifica o outro em um objeto sexual, não dói. Ele é oposto ao Eros como *desejo pelo outro*.

Dor é distinção [*Unterschied*]. Ela *articula* a vida. Órgãos corporais se fazem conhecer primeiramente pelo seu próprio dialeto de dor. A dor marca os limites, destaca distinções. Sem a dor, tanto o corpo como o mundo afundam em uma in-diferença [*In-Differenz*]. Também à pergunta "Como, então, atuam as dores?", responde von Weizsäcker: "Primeiramente pelo fato de que eu experimento apenas por meio da dor o que é meu e o que, afinal, eu tenho. Que meus dedos, meu pé, minha perna e da terra em que eu piso até os meus cabelos tudo *me pertence*, isso eu experimento

---

46 BADIOU, A. *Lob der Liebe* [*Elogio do amor*]. Viena, 2011, p. 15.

por dores, e por dores também experimento que um osso, uma língua, um coração e uma medula estão lá onde eles estão, e cada uma de todas essas coisas fala a sua própria língua da dor, fala o seu próprio 'dialeto de órgão'. Que eu tenha todas elas também posso, certamente, perceber de outros modos, mas apenas a dor me ensina o quão caras elas são para mim; experimento o preço e o valor de cada [coisa] individual para mim apenas por meio de dores, e essa lei da dor domina igualmente o preço do mundo e de suas coisas para mim"[47]. Sem dor, não é possível nenhuma avaliação de valor que se apoie em distinções. O mundo sem dor é um inferno do igual. Nele impera a equi-valência [*Gleich-Gültigkeit*]. Ele leva o *incomparável* ao desaparecimento.

Dor é realidade. Ela tem um efeito de realidade. Percebemos primeiramente a realidade na resistência que dói. A anestesia permanente da sociedade paliativa desrrealiza [*entwirklicht*] o mundo. Também a digitalização

---

47 VON WEIZSÄCKER. "Die Schmerzen" ["As dores"]. Op. cit., p. 34.

reduz cada vez mais a resistência, leva ao desaparecimento do confronto contrariante, o *contra*, o *contracorpo*. O contínuo *curtir* leva a um embotamento, a uma desconstrução da realidade. *A digitalização é anestesiação.*

Na era pós-fática com *fakenews* ou *deepfakes*, surge uma *apatia à realidade*, sim, uma *anestesia da realidade*. Apenas um *choque de realidade* poderia nos retirar dela. A reação de pânico ao vírus remete parcialmente a esse efeito de choque. *O vírus restitui a realidade.* A realidade retorna na forma de um *contracorpo viral*.

A dor acentua a autopercepção. Ela *delineia* o si. Ela desenha seus *contornos*. O crescente comportamento autoagressivo pode ser compreendido como uma tentativa desesperada do eu narcísico e tornado depressivo de se assegurar de si mesmo, de *se perceber*. Sinto dor, logo existo. Também devemos a sensação de existência à dor. Se ela desaparece inteiramente, busca-se por substitutos. Dores produzidas artificialmente fornecem um remédio [para a ausência de dor]. Esportes extremos e comportamentos de risco são tentativas de se assegurar de sua própria existência. Assim, a sociedade paliativa produz, paradoxalmente, *extremistas*. Sem *cultura* da dor, surge barbárie: "Estímulos cada vez mais fortes são necessários para se dar ao ser humano em uma sociedade anestesiada um sentimento de vivacidade. Drogas, violência e terror são os únicos estímulos que ainda podem mediar [uma] autoexperiência"[48].

---

48 ILLICH, I. *Die Nemesis der Medizin* [*O nemesis da medicina*]. Op. cit., p. 109.

Poética da dor

A escrita é, segundo Kafka em uma carta a Marx Brod, uma "recompensa doce e maravilhosa" para o fato de que ele é "beliscado, espancado e mastigado pelo diabo". Ela é uma recompensa pelo sofrimento insuportável. Haveria, de fato, também uma escrita "à luz do sol", mas ele mesmo deveria a sua escrita à "violência obscura" que por pouco não destrói a sua vida. Ele escreveria quando a angústia não o deixasse dormir. Sem escrita, a vida teria de terminar em "insanidade"[49].

Também Proust cultiva o sofrimento em nome da escrita. A vida de Proust foi marcada desde a infância por doenças. Casos intensos de asma o afligiram por toda sua vida. Alguns

---

49 BROD, M. & KAFKA, F. *Eine Freundschaft*. Briefwechsel [*Uma amizade*. Correspondência]. M. Pasley (ed.), vol. 2. Frankfurt/M., 1989, p. 377s.

anos antes da sua morte, Proust escreve em uma carta: "Por mais que me amargure que eu sofra dores físicas tão insuportáveis, que têm sido, especialmente nos últimos meses, as companhias inseparáveis de meu desgosto, eu me prendo a eles, meus sofrimentos, e odeio o pensamento de que eles poderiam me abandonar". A dor guia a pena de Proust. Mesmo à morte ele concede voz, sim, à *forma*. Ele faz dela útil à sua escrita. Essa *paixão da escrita* não é pensável sem a dor: "Ele analisava heroicamente o seu próprio estado, desperto até a última hora, e essas notas devem servir para fazer a morte de seu herói Bergotte no arco de correções ainda mais plástica, ainda mais verdadeira, devem tentar acrescentar alguns detalhes extremamente íntimos, aqueles últimos, que o poeta ainda podia saber, que apenas o moribundo sabe. [...] Assim a morte se põe diante dos olhos: último gesto majestoso do artista que venceu o medo da morte ao escutá-la em segredo"[50].

---

50 ZWEIG, S. "Der Snob, der den Tod besiegte. Marcel Prousts tragischer Lebenslauf" ["O esnobe que venceu a morte. A trágica história de vida de Marcel Proust"]. In: *Zeit*, 21/01/1954.

Também Schubert é um *Homo doloris* [homem da dor]. A *Viagem de inverno* nasceu da dor. Estão inscritas em seus trabalhos tardios dores insuportáveis, que ele também teve de sofrer por causa da sífilis. A terapia de mercúrio pela qual ele passou era uma pura tortura, que vinha acompanhada de uma dor insuportável. O mercúrio era tomado e, desse modo, todo o corpo era friccionado. O doente tinha de ficar por dias em um espaço fortemente aquecido. Não lhe era nem mesmo permitido se lavar. Também eram prescritas muitas caminhadas. Ainda no seu leito de morte, ele melhorou as folhas de correção para *Viagem de inverno*. Suas obras decantam amor e sofrimento. Em *Meu sonho*, uma de suas primeiras peças de prosa, escreve Schubert: "Canções eu já canto há muitos, muitos anos. Se quisesse cantar amor, ele se tornaria para mim dor. E se quisesse cantar apenas dor, ela se tornaria para mim amor"[51].

---

51 VON HELLBORN, H.K. *Franz Schubert*. Viena, 1865, p. 334.

O belo é a contracor da dor. Em vista da dor, o espírito imagina o belo. Ele opõe à deformação dolorosa a cura. A bela aparência *tranquiliza* o espírito. A dor leva o espírito a erguer um contramundo curativo diante do [mundo] existente, [contramundo] com o qual se pode viver. Ele faz com que tudo apareça sob uma nova luz sedutora: "A gigantesca tensão do intelecto que quer manter resistência à dor faz com que tudo que ele veja brilhe sob uma nova luz: e o estímulo indizível que todas as novas iluminações dão é, frequentemente, poderoso o bastante para oferecer consolo a todas as tendências de suicídio e fazer com que a continuação da vida do sofredor pareça extremamente desejável"[52]. A dor aviva a fantasia. Para Nietzsche, a arte é uma "feiticeira salvadora e curadora"[53], que esconjura o insuportável e o abjeto da existência.

---

52 NIETZSCHE, F. *Fröhliche Wissenschaft* [*A gaia ciência*]. Op. cit., p. 105.

53 NIETZSCHE, F. *Die Geburt des Tragödie aus dem Geist der Musik* [*O nascimento da tragédia a partir do espírito da música*]. Kritische Studienausgabe [edição crítica]. Op. cit., vol. 1, p. 57.

Também Nietzsche chamaria nossa sociedade de sociedade paliativa. Um sentimento de vida fortemente diminuído lhe é característico. A vida é amortecida em uma *sobrevivência confortável*. A saúde é elevada a nova deusa. Retira-se da vida, diria Nietzsche, o *trágico*, que afirma a vida apesar da dor e do sofrimento mais extremos. "A psicologia do orgiasmo como de um sentimento transbordante de vida e de força, no interior do qual mesmo a dor atua como estimulante, me deu a chave para o conceito de sentimento *trágico* [...]"[54].

A anestesia universal da sociedade leva a poética da dor ao desaparecimento completo. A anestesia reprime a estética da dor. Na sociedade paliativa, desaprendemos inteiramente como fazer a dor narrável, sim, cantável, como verbalizá-la, como transportá-la para uma narração, como cobri-la, sim, enganá-la com a bela aparência. A dor está, hoje, inteiramente separada da fantasia estética. Ela é desver-

---

54 NIETZSCHE, F. *Götzen-Dämmerung* [*Crepúsculo dos ídolos*]. Kritische Studienausgabe [edição crítica]. Op. cit., vol. 6, p. 160.

balizada e tornada em um assunto de técnica médica. Analgésicos antecedem à narrativa, à fantasia, e a fazem adormecer. A anestesia permanente prescrita [pela nossa sociedade] leva a um embotamento. A dor é detida antes que ela possa colocar uma narrativa em movimento. Na sociedade paliativa, ela não é mais nenhum fluxo navegável, nenhum fluxo narrativo que leva o ser humano ao mar, mas sim um *beco sem saída*.

O escritor francês Michel Butor constata uma crise da literatura. A literatura não é mais, segundo seu ponto de vista, capaz de produzir uma nova linguagem: "Há dez ou vinte anos não acontece mais praticamente nada na literatura. Há uma enxurrada de publicações, mas uma estagnação espiritual. A causa é uma crise da comunicação. Os novos meios de comunicação são dignos de admiração, mas causam um barulho inominável"[55]. O barulho de comunicação prolonga o inferno do igual. Ele impede que aconteça algo inteiramente outro, inteiramente incomparável ou que nunca se

---

[55] Entrevista para o *Zeit*, publicada em 12/07/2012.

viu antes. O inferno do igual é uma zona de bem-estar paliativa. A dor é expulsa dela, pois perturba a circulação de comunicação que deve ser acelerada. A comunicação atinge a sua maior velocidade lá, onde o igual encontra o igual. O *like* a acelera. A dor, em contrapartida, atua contra ela. A dor tem uma *inclinação a calar*, que, porém, permite que algo inteiramente outro aconteça.

Hoje, não estamos dispostos a nos expor à dor. A dor, entretanto, é uma parteira do novo, uma parteira do inteiramente outro. A negatividade da dor interrompe o igual. Na sociedade paliativa como inferno do igual, nenhuma fala da dor, nenhuma poética da dor é possível. Ela permite apenas a *prosa do bem-estar*, a saber, a escrita à luz do sol.

Dialética da dor

Espírito é dor. O espírito só chega a um conhecimento novo, a uma forma mais elevada de saber e de consciência por meio da dor. O espírito designa, segundo Hegel, a capacidade de "se sustentar [...] na contradição, por conseguinte, na dor"[56]. Em seu percurso formativo, o espírito entra em contradição consigo mesmo. Ele se cinde. Mas a dor assegura que o espírito *se forme*. A formação pressupõe a negatividade da dor. O espírito supera a contradição dolorosa se desenvolvendo em uma forma mais elevada. A dor é o motor da formação dialética do espírito. Ela *metamorfoseia* [*verwandelt*] o

---

[56] HEGEL, G.W.F. Enzyklopädie der philosophischen Wissenschaften im Grundrisse 1830. Dritter Teil: *Die Philosophie des Geistes* [Enciclopédia das ciências filosóficas em suas linhas fundamentais 1830. 3ª parte: *A filosofia do espírito*]. In: *Werke*, zwanzig Bänden [*Obras*, 20 vol.]. E. Moldenauer e K. M. Michel (eds.). Frankfurt/M., 1970, vol. 10, p. 27.

espírito. Metamorfoses [*Verwandlungen*] estão ligadas à dor. O percurso formativo é uma *via dolorosa*: "O outro, o negativo, a contradição, a cisão pertencem, portanto, à natureza do espírito. Nessa cisão se encontra a possibilidade da *dor*. A dor, por isso, não vem ao espírito de fora, como se imagina quando se levanta a questão sobre de que modo a dor teria vindo ao mundo"[57]. O espírito "conquista a sua verdade apenas ao encontrar a si mesmo na completa dilaceração"[58]. O seu poder se revela no fato de que ele "encara de frente o negativo" e "se demora nele"[59]. O "positivo que olha para longe do negativo" definha, em contrapartida, no "ser morto". Apenas a negatividade da dor mantém o espírito vivo. *Dor é vida*.

Sem a dor, não é possível aquele conhecimento que rompe inteiramente com o que foi. Também a *experiência* [*Erfahrung*] em sentido enfático pressupõe a negatividade da dor. Ela

---

57 Ibid., p. 26.

58 HEGEL, G.W.F. *Phänomenologie des Geistes* [*Fenomenologia do espírito*]. Hamburgo, 1952, p. 30.

59 Ibid.

é um processo doloroso de metamorfose. Ela contém um momento do sofrer ou do passar por algo doloroso [*Durchmachens*]. Nisso, ela se distingue da vivência [*Erlebnis*], que não leva a nenhuma mudança de estado. Apenas a dor surte uma transformação [*Veränderung*] radical. Na sociedade paliativa, o igual se perpetua. Viajamos [*hinfahren*] para todo lugar, sem termos uma *experiência* [*Erfahrung*]. Familiarizamo-nos com tudo [*nehmen Kenntnis*] de tudo, sem chegarmos a nenhum *conhecimento* [*Erkenntnis*]. *Informações* não levam nem à experiência, nem ao conhecimento. Falta a elas a *negatividade da metamorfose*.

A negatividade da dor é constitutiva para o pensamento. É a dor que distingue o pensamento do cálculo, da inteligência artificial. Inteligência significa *escolher entre* (*inter-legere*). Ela é uma faculdade de distinção. Desse modo, ela não abandona o já existente. Ela não consegue gerar o *inteiramente outro*. Nisso, ela se distingue do *espírito*. A dor aprofunda o pensamento. Não há um cálculo profundo. No que consiste a *profundidade* do pensamento?

Em oposição ao cálculo, o pensamento gera uma visão inteiramente diferente do mundo, sim, um *mundo diferente*. Apenas o vivo, a vida capaz de sentir dor, consegue pensar. Falta à inteligência artificial, justamente, essa vida: "Não somos nenhum sapo pensante, nenhum aparato objetivo e registrador com entranhas friamente armadas – temos de parir constantemente nossos pensamentos da dor e compartilhar maternamente com eles tudo que temos em nós de sangue, coração, fogo, desejo, paixão, aflição, consciência, destino, fatalidade"[60]. A inteligência artificial é apenas um aparelho de cálculo. Ela é, de fato, capaz de aprender, também capaz de *deep learning* [aprendizado profundo], mas ela não é capaz de [ter] experiência. *Apenas a dor metamorfoseia a inteligência em espírito*. Não haverá nenhum *algoritmo da dor*. "Só a grande dor", a "longa e lenta dor" que "toma seu tempo" é, segundo Nietzsche, "a última libertadora do espírito". Ela "obriga a nós, filósofos, a aden-

---

60 NIETZSCHE, F. *Fröhliche Wissenschaft* [*A gaia ciência*]. Op. cit., p. 349.

trarmos em nossa profundeza última e nos livrarmos de toda confiança, bondade, dissimulação, amenidade, moderação em que talvez tenhamos antes posto a nossa humanidade"[61].

Em oposição à dor, a saúde não é dialética. A sociedade paliativa, que a toma como o valor supremo, está presa em um inferno do igual. Falta a ela a força dialética da metamorfose. Nietzsche imagina um tipo superior de saúde, que incorpora a dor em si mesma. "E, no que diz respeito à minha longa enfermidade, não devo a ela indizivelmente mais do que à minha saúde? Eu devo a ela uma saúde *superior*, uma saúde que se torna mais forte diante de tudo que não a mata! – *Também devo a ela minha filosofia...*"[62] Nietzsche remete mesmo a sua *transvaloração de todos os valores* à dor. A dor estremece as referências de sentido habituais e obriga o espírito a uma mudança radical de perspectiva, que faz com que tudo apareça sob uma nova luz. Em oposição ao prazer,

---

61 Ibid., p. 350.

62 NIETZSCHE, F. *Nietzsche contra Wagner*. Kritische Studienausgabe [edição crítica]. Op. cit., vol. 6, p. 436.

a dor põe em movimento um *processo de reflexão*. Ela fornece para o espírito uma "clareza dialética por excelência". Ela torna o espírito *clarividente*. Ela abre um modo de ver inteiramente novo: "A completa clareza e alegria do espírito é compatível em mim não apenas com a mais profunda fraqueza fisiológica, mas mesmo com uma sensação extrema de dor. – Naquelas aflições infernais, que trazem consigo uma dor ininterrupta sob um árduo expelir de muco, eu tinha a clareza dialética por excelência e ponderava coisas para as quais eu, em estados saudáveis, não era escalador, não era refinado o bastante. [...] Eu tenho em minhas mãos [o poder], eu tenho as mãos para *mudar perspectivas*: motivo pelo qual apenas para mim era de algum modo possível uma *transvaloração de todos os valores*"[63].

A sociedade paliativa foge desesperadamente do negativo, em vez de se demorar nele. O aferrar-se ao positivo reproduz o igual. Uma

---

63 NIETZSCHE, F. *Nachgelassene Fragmente* [*Fragmentos póstumos*], 1887-1889. Kritische Studienausgabe [edição crítica]. Op. cit., vol. 13, p. 630.

algofobia está no fundamento do "persistir em formas *iguais*". O "eternamente criador como o que tem-de-eternamente-destruir" está "vinculado à dor". A dor obriga aquele que cria "a sentir o até então [existente] como insustentável, falho, digno de recusa, detestável"[64]. Assim, sem dor, também não há nenhuma revolução, nenhuma irrupção do novo, nenhuma história.

---

64 Ibid., vol. 12, p. 113.

Ontologia da dor

A dor presenteia a sua força curativa lá, onde não esperamos por ela.
Martin Heidegger

Resto cantável
O contorno daquilo que pela escrita da foice silenciosamente irrompe à parte, onde fica a neve.
Paul Celan

Em uma observação de margem ao *Sobre a dor*, de Jünger, Heidegger escreve: "Um tratado 'Sobre a dor' que não trata nunca e em lugar nenhum da própria dor; não se pergunta por sua essência; nunca apresenta a questionabilidade [*Fragwürdigkeit*] da questão [*Frage*], pois ele não pode de modo algum ser afetado pelo segredo da dor como consequência da manutenção decisiva da objetificação da dor"[65]. Jünger parte, obviamente, do princípio de que todos sabem o que é a dor. A ele interessa, antes de tudo, nossa relação com a dor: "A dor faz parte daquelas chaves com as quais se abre não apenas o íntimo, mas também, ao mesmo tempo, o mundo. Quando nos aproximamos dos pontos nos quais o ser humano se mostra amadurecido para a dor ou superior a ela, ganhamos, assim, acesso às fontes de seu poder e ao segredo que se oculta por trás de sua soberania [Herrschaft]. Me diga a sua relação com a dor e eu te direi quem és!"[66] A esse respeito, Heidegger observa: "Me diga a sua relação com o ser, caso você sequer tenha alguma ideia a esse respeito, e te direi como

---

[65] HEIDEGGER, M. *Zu Ernst Jünger* [*Sobre Ernst Jünger*]. In: *Gesamtausgabe* [*Obras completas*], vol. 90. Frankfurt/M., 2004, p. 436.

[66] JÜNGER, E. *Über den Schmerz* [*Sobre a dor*]. Op. cit., p. 439.

você e se você se 'ocupará' com a 'dor' ou se pode refletir sobre ela"[67].

A réplica pretensamente irônica de Heidegger a Jünger tem um núcleo filosófico. Heidegger quer abordar a questão da dor a partir do ser. Apenas o ser nos fornece acesso à "essência", ao "segredo" da dor. Heidegger até mesmo diria: *Ser é dor*. Com isso, porém, não se quer dizer que a existência humana seria especialmente dolorosa. Heidegger tem em mente, antes, uma *ontologia da dor*. Ele quer penetrar, por meio do ser, na "essência" da dor: "Sofrimentos imensuráveis esgueiram e correm sobre a Terra. Ainda sobe a maré do sofrimento. Mas a essência da dor se oculta. [...] Por todo lugar, incontáveis e imensuráveis sofrimentos nos importunam. Nós, porém, somos sem dor, não nos apropriamos [*vereignen*] da essência da dor"[68].

---

[67] HEIDEGGER, M. *Zu Ernst Jünger* [*Sobre Ernst Jünger*]. Op. cit., p. 145.

[68] HEIDEGGER, M. *Bremer und Freiburger Vorträge* [*Conferências de Bremen e Freiburg*]. In: *Gesamtausgabe* [*Obras completas*], vol. 79. Frankfurt/M., 1994, p. 57.

O pensamento de Heidegger parte da diferença ontológica entre ser e ente. O ente deve a sua evidência [*Offenbarkeit*], a sua compreensibilidade ao ser. O ser tem de ser aberto, a fim de que um se-relacionar com o ente se torne possível. Antes de direcionar minha atenção a um objeto, já *me encontro* em um mundo *pré-reflexivamente* aberto. Assim, Heidegger aponta para a força abridora do mundo da disposição [*Stimmung*]. O mundo aberto pré-reflexivamente por meio da disposição, mundo do qual não se está propriamente consciente, antecede a intencionalidade direcionada a objetos. "A disposição já abriu desde sempre o ser-no-mundo [*In-der-Welt-sein*] como [o] todo e torna primeiramente possível um se direcionar a [um objeto]"[69]. Já fenômenos como a disposição apontam para o fato de que o pensamento de Heidegger diz respeito ao *indisponível*. Não dispomos do mundo pré-reflexivamente aberto. Somos *lançados* nele, entregues a ele, de-*finidos* [be-*stimmt*] por ele.

---

69 HEIDEGGER, M. *Sein und Zeit* [*Ser e tempo*]. Tübingen, 1979, p. 137.

A disposição é algo que nos *toma*, e de que não podemos nos apoderar.

O ser é, no Heidegger tardio, mistificado no "fundamento de origem"[70] das coisas, fundamento que, de fato, não as produz, mas que as permite ser o que elas *são*. Também o ser humano deve a ele o seu ser-aí: "o ser humano permanece a-finado [*ge-stimmt*] àquilo que define [*be-stimmt*] anteriormente a sua essência. Na des-tinação [*Be-stimmung*], o ser humano é afetado e convocado por uma voz [*Stimme*], que soa tão mais pura quanto mais silenciosamente ela ressoa por meio do som"[71]. Aquela voz silenciosa que de-*fine* [be-*stimmt*] e a-*fina* [durch-*stimmt*] se furta a qualquer disponibilidade. Ela vem *de outro lugar*, do *inteiramente outro*. O pensamento é a dor, a *paixão pelo segredo* que "se furta oscila na retirada"[72].

---

70 HEIDEGGER, M. *Vorträge und Aufsätze* [*Conferências e artigos*]. Pfullingen, 1954, p. 137.

71 HEIDEGGER, M. *Der Satz vom Grund* [*O princípio de razão suficiente*]. Pfullingen, 1978, p. 91.

72 HEIDEGGER, M. *Unterwegs zur Sprache* [*A caminho da linguagem*]. Pfullingen, 1959, p. 169.

Heidegger compreende a linguagem como um *dom*. O ser humano fala ao *corresponder* a ela. Ele não dispõe da linguagem. A diferença ontológica entre ser e ente determina também a linguagem: "Um 'é' resulta onde a palavra se despedaça. Despedaçar-se significa aqui: a palavra ressoante regressa ao silencioso, lá, de onde ela é mantida: no toque do silêncio [...]"[73]. O "é" marca a origem indisponível da linguagem, que, como *silêncio*, não pode ser apanhada na palavra ressoante. Só no despedaçar-se da palavra se escuta o silêncio. Apenas a poesia deixa registrar aquele silêncio sem som, aquele *resto cantável* que irrompe silenciosamente através da palavra ressoante. A poesia restitui o legível ao *ilegível* do qual ele provém. A *costura* na qual o legível e o cantável estão costurados *dói*. A "costureira"[74] de Heidegger zela pela dor. A dor é o rasgo por meio do qual o *silêncio*, o *lá fora indisponível*, irrompe no pensamento. O resto cantável é uma *rima sobre a dor*.

---

73 Ibid., p. 216.

74 HEIDEGGER, M. *Gelassenheit* [*Serenidade*]. Pfullingen, 1985, p. 71.

A dor é uma disposição fundamental da finitude humana. Heidegger a pensa a partir da morte: "A dor é a morte no pequeno – a morte, a dor no grande"[75]. O pensamento de Heidegger investiga aquele âmbito da essência "do qual fazem parte conjuntamente a dor, a morte e o amor"[76]. Justo a *indisponibilidade do outro* mantém desperto o amor como Eros. O Eros é o *desejo pelo outro* que se furta ao meu acesso. A morte não é o simples fim da vida pensada como processo biológico. Ela é, antes, um *modo especial de ser*. Como "segredo do ser", ela chega até a vida. Ela é o "santuário do nada, daquilo, a saber, que em todos os sentidos nunca é meramente um *ente*, mas que, ao mesmo tempo, direciona, até mesmo como o segredo do *Ser*"[77]. A morte significa que o ser humano está em relação com o indisponível, com o inteiramente outro que não vem dele.

---

75 HEIDEGGER, M. *Zum Ereignis-Denken* [*Sobre o acontecimento-pensamento*]. In: *Gesamtausgabe* [*Obras completas*]. Op. cit., vol. 73.1. Frankfurt/M., 2013, p. 735.

76 HEIDEGGER, M. *Holzwege* [*Caminhos de floresta*]. Frankfurt/M., 1950, p. 254.

77 HEIDEGGER, M. *Vorträge und Aufsätze* [*Conferências e preleções*]. Op. cit., p. 177.

O ser se deixa registrar apenas na dor da "pura proximidade que mantém a distância"[78]. A dor torna o ser humano receptível para o indisponível que lhe dá suporte e estadia. A dor *porta* o ser-aí humano. Nisso, ela se distingue do prazer. Ela não é um estado temporário que se deixa suspender. Antes, ela constitui a *gravidade* do ser-aí humano: "Mas quanto mais alegre a alegria, mais puro o luto que nela se oculta. Quanto mais profundo o luto, mais clamante a alegria que nele repousa. Luto e alegria jogam um com o outro. O próprio jogo, que afina ambos um no outro ao deixar que a distância seja próxima e a proximidade seja a distância, é *a dor*. Por isso, ambos, a alegria suprema e a tristeza suprema, são, cada um à sua maneira, dolorosos. A dor, porém, dispõe o ânimo do mortal de tal maneira que ele sente, por meio dela – da dor –, o seu peso [*Schwergewicht*]. Esse peso mantém o mortal, por toda a oscilação, no repouso de sua essên-

---

[78] HEIDEGGER, M. *Erläuterungen zu Hölderlins Dichtung* [*Esclarecimentos sobre a poesia de Hölderlin*]. In: *Gesamtausgabe* [*Obras completas*], vol. 3. Frankfurt/M., 1981, p. 146.

cia. O 'ânimo' [*muot*] que correspondente à dor, afinado por ela e para ela, é a melancolia [*Schwermut*]"[79].

O velamento [*Verborgenheit*] é a figura fundamental do pensamento heideggeriano. Faz parte essencialmente da verdade como "desvelamento" [*Unverborgenheit*] o "velamento". O ser como "clareira" é circundado pela floresta escura. Também a "terra" representa o que "essencialmente se fecha", que se furta a todo acesso: "A terra faz com que despedace qualquer tentativa de penetrá-la. Ela faz com que toda penetração calculadora se inverta em uma destruição. Por mais que essa penetração porte a aparência de uma dominação e de um progresso na figura da objetificação tecnocientífica da natureza, essa dominação permanece, porém, uma impotência do querer. Abertamente iluminada como si mesma, a terra apenas aparece lá, onde ela é mantida e conservada como o essencialmente inexplorável [*Unerschließbare*], que escapa

---

[79] HEIDEGGER, M. *Unterwegs zur Sprache* [*A caminho da linguagem*]. Op. cit., p. 235.

a todo desbravamento e, por isso, mantém-se constantemente fechada. [...] A terra é o que essencialmente se fecha"[80]. Se a terra é tratada como um recurso que deve ser explorado, então ela, não importa o quão "sustentavelmente" queiramos ser-aí, já é destruída, pois ela é o "essencialmente inexplorável". A *salvação da terra* pressupõe uma relação inteiramente diferente com ela. Temos de *protegê-la* [*schonen*]. A experiência da indisponibilidade é parte essencial da proteção. Ela deixa a terra em sua alteridade e estranheza. *A proteção demanda distância.*

A ordem terrena, a ordem da terra chega hoje ao fim. Ela é dissolvida pela ordem digital. Heidegger é o último pensador da ordem terrena. Morte e dor não pertencem à ordem digital. Elas representam apenas *perturbações*. Também luto e saudade [*Sehnsucht*] são suspeitos. A *dor da proximidade da distância* é estranha à ordem digital. A distância está inscrita na proximidade. A ordem digital aplaina a

---

80 HEIDEGGER, M. *Holzwege* [*Caminhos de floresta*]. Op. cit., p. 36.

proximidade em ausência de distanciamento, de modo que ela não doa. Sob a coação da disponibilidade, tudo é tornado alcançável e consumível. O *habitus digital* enuncia: tudo tem de estar imediatamente disponível. O *télos* da ordem digital é a total disponibilização. Falta a ela a "lentidão da timidez hesitante diante do infactível"[81].

O segredo é essencial para a ordem terrena. *Transparência* é, em contrapartida, o *slogan* da ordem digital. Ela elimina todo velamento. A ordem digital também torna a linguagem transparente, ou seja, disponível, ao coisificá-la em informações. Informações não têm nenhum *avesso* oculto. O mundo se torna transparente quando ele é transformado em dados. Algoritmos e inteligência artificial também tornam o comportamento humano transparente, ou seja, calculável e controlável. A ordem digital é animada pelo dataísmo, pelo totalitarismo dos dados. Ele troca a narração

---

81 HEIDEGGER, M. *Hölderlins Hymne* "Andenken" [*O hino de Hölderlin* "Lembrança"]. In: *Gesamtausgabe* [*Obras completas*], vol. 52. Frankfurt/M., 1982, p. 128.

pela adição. Digital significa numérico. O numérico é mais transparente, mais disponível do que o narrativo.

Indisponibilidade significa, hoje, apenas uma ausência temporária do disponível. O mundo que consiste no disponível só pode ser consumido. O mundo, porém, é mais do que a soma do disponível. O mundo disponível perde a *aura*, sim, o *aroma*. Ele não permite nenhum *se demorar*. A indisponibilidade caracteriza também a outridade [*Andersheit*] do outro, a *alteridade* [*Alterität*]. Ela o protege de degradar-se em um objeto de consumo. Sem a "distância originária"[82], o outro não é nenhum *Tu*. Ele é coisificado no *Isso*. Ele não é convocado em sua outridade, mas sim apropriado.

A dor abre uma *outra visibilidade*. Ela é um órgão da percepção que está hoje perdido para nós. A ordem digital é *anestésica*. Ela desfaz determinadas formas de temporalidade e de percepção. Heidegger diria que ela leva ao esquecimento do ser. A impaciência, a com-

---

82 Cf. BUBER, M. *Urdistanz und Beziehung* [*Distância originária e relação*]. Heidelberg, 1978.

pulsão pelo acesso imediato leva o longo e lento ao desaparecimento. Ele não é privativo, pois não lhe falta nada. Ele não indica um processo que pode ser acelerado. Antes, ele tem uma temporalidade própria, uma realidade própria, um *aroma próprio*. O disponível *não tem aroma*. O longo e lento *hesita* na retirada. Ele é um *atrasado* [*Nachzügler*], sim, uma *fosforescência* [*Nachleuchter*]. O *tardio* é seu modo de proceder. *Imediata* é, em contrapartida, a temporalidade do digital.

Também *paciência e espera* como atitudes do espírito erodem hoje. Elas tornam acessível uma realidade que se perde sob a coação da total disponibilização. A espera que se demora [*sich geduldet*] no longo e lento aponta para uma intencionalidade especial. Ela é uma atitude do se incluir [*Sichfügens*] no indisponível. Não se trata de um *esperar-por*, mas de um *esperar-em*. Uma permanência-em [*In-Ständigkeit*] a caracteriza. Ela se aconchega ao indisponível. A renúncia é o traço fundamental da *espera sem intenção*. A renúncia *doa*. Ela nos torna receptíveis [*empfänglich*] para o indisponível. Ela se opõe ao consumo. O "suportar enlutado do ter de renunciar e doar" é, segundo Heidegger, um "conceber" [*Empfangen*][83]. A dor não é uma sensação [*Empfindung*] subjetiva que aponta para uma falta, mas uma concepção [*Empfängnis*], sim, uma concepção do ser. *Dor é dádiva.*

---

83 HEIDEGGER, M. *Aus der Erfahrung des Denkens* [*Da experiência do pensamento*], 1910-1976. In: *Gesamtausgabe* [*Obras completas*], vol. 13. Frankfurt/M., 1983, p. 94.

Ética da dor

A ideia da disciplina determina inteiramente a reflexão de Jünger sobre a dor. Também as mídias modernas como fotografia e filme são vinculadas por ele a técnicas disciplinares que devem fazer o ser humano insensível à dor. Elas servem ao entretenimento apenas no primeiro plano. No plano de fundo, porém, elas operam um disciplinamento do olhar: "Por trás do caráter de diversão das mídias totais, como do rádio e do filme, ocultam-se formas especiais da disciplina"[84]. A gravação da câmera ocorre, segundo Jünger, "fora da zona de sensibilidade"[85]. Um olhar frio a caracteriza. Assim, a câmera grava o ser humano no instante em que ele é rasgado por

---

84 JÜNGER, E. *Über den Schmerz* [*Sobre a dor*]. Op. cit., p. 185.

85 Ibid., p. 182.

uma explosão. Ela encarna o olhar disciplinado do olho humano. A fotografia é a "expressão da nossa maneira própria e, de fato, cruel de olhar"[86]. Nos filmes, expressa-se "um grau extraordinário de fria crueldade". O sincronismo que "se aciona entre o espelhamento de circunstâncias extremamente confortáveis e o registro de uma catástrofe que impera ao mesmo tempo em uma parte do planeta"[87] surte um efeito insensibilizador. O silêncio do espectador é "muito mais abstrato e cruel do que a fúria selvagem, tal como a que se pode observar nas arenas do sul, nas quais, na luta contra o touro, um resto mortal dos jogos antigos se preserva até os dias de hoje"[88].

O disciplinamento do olhar não pertence às práticas culturais de nosso tempo. Mídias digitais não são mídias disciplinares. Não vivemos, hoje, na sociedade disciplinar, mas na sociedade de consumo, que torna tudo consumível. Também com imagens de violência

---

86 Ibid., p. 183.

87 Ibid., p. 184.

88 Ibid.

temos uma relação pornográfica. Em filmes e em jogos de computador, entregamo-nos por completo ao *pornô da violência*. Ele torna mesmo o matar uma circunstância sem dor. As imagens de violência pornográficas atuam como um analgésico. Elas nos tornam insensíveis à dor do outro.

Também o excesso de imagens de dor e violência nas mídias de massa e na rede nos obriga à passividade e à indiferença de quem observa em silêncio. Por causa de sua massa gigantesca, não podemos processá-las cognitivamente. Elas se impõem à percepção. Não parte mais delas aquele imperativo moral ao qual Susan Sontag se aferra: "A imagem diz: ponha um fim a isso, intervenha, aja"[89]. A massa de imagens de violência e dor assegura que a percepção se desacople inteiramente da ação, pois a ação pressupõe uma atenção intensiva, um *ser afetado* [*Betroffenheit*]. Já por causa de nossa atenção fragmentada o ser afetado não ocorre.

---

89 Cf. SONTAG, S. *Das Leben anderer betrachten* [*Observar a vida dos outros*]. Munique, 2003, "Sinopse".

A suposição antropológica corrente de que o ser humano se comportaria voyeuristicamente em relação ao sofrimento do outro não é o suficiente para a explicação da rápida queda da capacidade de empatia. A perda crescente de empatia aponta para o acontecimento profundo de que *o outro desaparece*. A sociedade paliativa elimina o outro como dor. O outro é coisificado em um objeto. *O outro como objeto não dói.*

Em tempos de pandemia, a dor dos outros fica ainda mais distante. Ela se dissolve em "números de casos". Os seres humanos morrem solitários em estações intensivas, sem qualquer atenção humana. Proximidade significa infecção. O *social distancing* acentua a perda de empatia. O outro é, agora, um possível portador do vírus, de que se deve manter distância. O s*ocial distancing* evolui em um ato de distinção social.

Somos hoje dominados demais pelo ego, atordoados, sim, embriagados por ele. O ego vigoroso e narcisista encontra no outro, antes de tudo, a si mesmo. Também mídias digitais beneficiam o desaparecimento do outro. Elas reduzem a *resistência do outro* ao torná-lo *disponível*. Conseguimos cada vez menos perceber o outro em sua alteridade. Se o outro é roubado de sua alteridade, ele se deixa, então, apenas consumir.

A sensibilidade em relação ao outro pressupõe um "estar *exposto* [*Ausgesetzheit*]" que "se expõe até a dor"[90]. Ela é dor[91]. Sem essa *dor primordial*, o Eu ergue novamente o seu centro, o seu *para-si*, e coisifica o outro em objeto. Apenas a dor do estar exposto remove o outro do acesso do Eu. Como uma dor ética, *meta-física*, ela tem prioridade em relação àquela dor que eu percebo como a *minha dor*. Ela é uma dor *para o outro*, um estar exposto originário que é mais passivo do que toda passividade do Eu. A dor do estar exposto, que também é anterior à compaixão, torna o *retorno confortável para si*, o *comprazer-se em si* impossível.

---

90 LÉVINAS, E. *Jenseits des Seins oder anders als Sein geschieht* [*Além do ser ou algo outro do que o ser acontece*]. Friburgo/Munique, 1992, p. 51.

91 Ibid., p. 132.

O *poder* [*Können*] é o verbo modal do Eu como sujeito do desempenho. Consumir, desfrutar e vivenciar são sinônimos do *poder*. A absolutização do *poder* destrói o outro que, em sua indisponibilidade, releva-se, justamente, na dor do *não-poder-poder*. O amor como relação enfática ao outro "se abate sobre nós e nos fere"[92]. O amor como consumo, em contrapartida, se vira sem qualquer ferida, sem qualquer dor. O sujeito do desempenho, com seu *poder*, não pode, por princípio, ser ferido. Ele é, justamente, *resiliente*. A sensibilidade para o outro pressupõe, porém, uma vulnerabilidade. A *ferida* dolorosa é uma *abertura primordial ao outro*.

"Nudez da alma" é como Elias Canetti chama a ausência de defesa em relação ao outro que me torna *passível de ser ferido*. Ela é responsável pela *inquietude* na qual o outro me coloca. Ela torna impossível ser indiferente ao outro: "Ele pensa em seu lastimável trato e em sua vida interior, também em que ele quando

---

[92] LÉVINAS, E. *Die Zeit und der Andere* [*O tempo e o outro*]. Hamburgo, 1984, p. 56.

velho amou de maneira cada vez mais forte e inoportuna, não se ocupou de modo algum com a sua própria morte, [mas] com a sua mais querida, ele pensou em que ele consegue ser cada vez menos 'pragmático' e nunca indiferente em relação ao próximo; que ele despreza tudo que não seja respirar, sentir, compreender. Ele pensa, porém, também em que ele não quer ver outros, que toda nova pessoa o agita até a mais profunda profundeza, que ele não pode se proteger dessa agitação nem por meio da aversão nem do desprezo, que ele está inteiramente e sem defesas entregue ao outro (por mais que o outro não perceba), que ele, contra sua vontade, não pode ter nenhum sossego, não pode dormir, não pode sonhar, não pode respirar [...]"[93]. A nudez da alma se manifesta como angústia com o outro. É primeiramente essa angústia com o outro que me ensina quem eu sou: "Como é possível que eu só seja eu mesmo na angústia? Teria eu sido

---

93 CANETTI, E. "Das Geheimherz der Uhr" ["O coração secreto do relógio"]. In: *Aufzeichnungen 1973-1985* [*Registros 1973-1985*]. Munique, 1987, p. 191.

criado para a angústia? Me reconheço apenas na angústia. Uma vez resistida, ela se torna esperança. É, porém, angústia com o outro. Amei seres humanos com os quais eu tinha angústia"[94].

A nudez da alma, o ser exposto, a dor com o outro estão hoje inteiramente perdidos para nós. A nossa alma é, por assim dizer, inteiramente coberta por calos que nos tornam inteiramente insensíveis, não receptíveis ao outro. Também a bolha digital nos blinda cada vez mais contra o outro. A *angústia clara com o outro* dá lugar inteiramente a uma angústia difusa consigo mesmo. Sem a dor com o outro [*Schmerz zum Anderen*] não temos acesso à dor do outro [*Schmerz des Anderen*].

---

94 Ibid., p. 44.

O último ser humano

O livro de Fukuyama, *O fim da história*, não é uma apoteose unilateral da democracia liberal em vista da derrota do comunismo. Antes, ele é perpassado por uma ambivalência. O último capítulo se chama "O último ser humano". De acordo com ele, a democracia liberal produz uma sociedade paliativa que é encarnada pelo "último ser humano" de Nietzsche. Ela realiza uma anestesia permanente: "Um pouco de veneno de vez em quando: isso dá em sonhos agradáveis. E muito veneno, por fim, em uma morte agradável. [...] Tem-se prazer com o dia e prazer com a noite: mas se honra a saúde. 'Inventamos a felicidade' – dizem os últimos seres humanos, e pestanejam"[95].

---

95 NIETZSCHE, F. *Also sprach Zarathustra*: Ein Buch für Alle und Keinen [*Assim falou Zaratustra*: Um livro para todos e

Fukuyama parte da pressuposição antropológica de que a megalotimia, o esforço por superioridade, fama e honra elevado a níveis heroicos, é essencial para o ser humano. Ela também constitui a força propulsora da história. Na democracia, porém, a megalotimia é enfraquecida tanto por uma isotimia fortalecida, a saber, o esforço pela igualdade de direito, como também por um esforço intensificado pelo conforto e pela segurança. Desse modo, a democracia liberal contribui para o aparecimento do último ser humano: "À medida que a democracia liberal bane a *megalotimia* da vida e a substitui pelo consumo racional, faz-se de nós 'os últimos seres humanos'"[96].

Contra a tese de Fukuyama, o aparecimento do último ser humano não está necessariamente ligado à democracia liberal. O último ser humano é, antes, um fenômeno genuíno da *modernidade*. Ele não dá preferência ao sistema liberal.

---

para ninguém]. Kritische Studienausgabe [edição crítica]. Op. cit., vol. 4, p. 20.

96 FUKUYAMA, F. *Das Ende der Geschichte.* Wo stehen wir? [*O fim da história.* Onde estamos?]. Munique, 1992, p. 416.

Assim, ele é inteiramente compatível com um regime totalitário. A China é, atualmente, tão povoada por últimos seres humanos quanto os Estados Unidos. Em todo lugar, o heroísmo dá lugar ao hedonismo. Por essa razão, Jünger se volta decisivamente contra a modernidade. Em *Sobre a dor*, ele invoca o fim da era do último ser humano: "Também a *amplitude* da participação no prazer e nos bens é um sinal de prosperidade. [...] Aqui se sente o bem-estar onírico, sem dor e estranhamente diluído, que preenche o ar como um narcótico. [...] O indivíduo encontra uma plenitude de confortos pelos quais a possibilidade da fricção é impedida [...]. Aqui se inclui o fato de que inere ainda à ampliação fabulosa dos meios técnicos um puro caráter de conforto – que tudo parece ser feito apenas para iluminar, para aquecer, para movimentar, para divertir e para fazer passar fluxos de ouro. A profecia do último ser humano se concretizou rapidamente. Ela é exata – até a afirmação de que o último ser humano é o que mais vive. A sua era já se encontra atrás de nós"[97].

---

97 JÜNGER, E. *Über den Schmerz* [*Sobre a dor*]. Op. cit., p. 155.

Jünger, tendo em vista o ano de 2000, escreve: "O último ser humano, como Nietzsche profetiza, já pertence à História, e se ainda não alcançamos o ano de 2000, já parece certo, porém, que ele parecerá inteiramente diferente do que [o mundo que] Bellamy descreveu em sua utopia"[98]. Jünger se refere aqui à sociedade sem dor no romance de Bellamy, *Looking Backward or Life in the Year 2000* [*Olhando para trás ou a vida no ano de 2000*]. Jünger certamente se enganou com o seu prognóstico, pois o século XXI é, justamente, a era do último ser humano. A era heroica invocada por Jünger entre as duas guerras mundiais foi apenas um curto episódio. A sociedade paliativa do século XXI recusa qualquer conduta heroica.

Também o prognóstico de Fukuyama se mostrou como um engano. A história não termina com a vitória do liberalismo. Justamente o populismo de direita e a autocracia têm, atualmente, afluência massiva. A sociedade paliativa como sociedade da sobrevivência não pressupõe obrigatoriamente a democracia li-

---

98 Ibid., p. 152.

beral. Em vista da pandemia, dirigimo-nos a um regime de vigilância biopolítico. O liberalismo ocidental fracassa evidentemente com o vírus. Triunfa o conhecimento de que, no combate à pandemia, é necessário ter em vista o indivíduo. Essa vigilância biopolítica do indivíduo não é compatível, porém, com os princípios do liberalismo. Em vista do dispositivo higiênico, no entanto, a sociedade da sobrevivência se verá obrigada a renunciar aos princípios liberais.

Já o regime de vigilância digital que, nesse meio tempo, adquire traços totalitários, enterra a ideia liberal de liberdade. A pessoa humana é degradada a uma entrada de dados geradora de lucros. O capitalismo se desenvolve, hoje, em um capitalismo da vigilância[99]. Vigilância gera capital. Somos permanentemente vigiados e conduzidos por plataformas digitais. Nossos pensamentos, sentimentos e intenções são lidos e explorados. A internet das coisas amplia a vigilância até a vida real.

---

99 Cf. ZUBOFF, S. *Das Zeitalter des Überwachunskapitalismus* [*A era do capitalismo da vigilância*]. Frankfurt/M., 2018.

Os *wearables* entregam também nosso corpo ao acesso comercial. Somos conduzidos como marionetes por fios algorítmicos. O *Big Data* como instrumento biopolítico torna o comportamento humano prognosticável e controlável. A psicopolítica digital nos derruba em uma crise da liberdade[100].

Na época da contagem da população, houve intensos protestos contra o levantamento de dados. Por trás da contagem da população, supunha-se haver um Estado de vigilância que ameaçava a liberdade civil. Naquela época consultou-se, porém, sobre dados de uma perspectiva atual, consideravelmente inofensivos, como data de conclusão da escola, profissão ou religião. Ainda assim, estudantes foram às barricadas. Hoje, entregamos voluntariamente mesmo os dados pessoais íntimos. Não por coação, mas por carência interna, expomos a nós mesmos. A dominação se consuma no momento em que coincide com a liberdade.

---

100 Cf. HAN, B.-C. *Psychopolitik*. Neoliberalismus und die neuen Machttechniken [*Psicopolítica*. Neoliberalismo e as novas técnicas de poder]. Frankfurt/M., 2014.

Estamos, aqui, lidando com uma dialética da liberdade. A comunicação sem limites, como expressão da liberdade, inverte-se em uma vigilância total.

Por que a massiva vigilância digital, que ocorre de todo modo e que não esbarra em nenhuma resistência, deveria parar diante do vírus? A pandemia trata de fazer cair as barreiras inibidoras que tinham evitado até o momento que a vigilância biopolítica se estendesse até o indivíduo. O choque é, segundo Naomi Klein, um momento propício que permite a um novo sistema de dominação se estabilizar. O choque pandêmico levará, por fim, a que um regime de vigilância biopolítico se imponha, regime que permite um acesso ao corpo. Só a biopolítica digital fará o capitalismo invulnerável contra a pandemia. Ela fecha as lacunas sistêmicas. O regime biopolítico de vigilância significa, porém, o fim do liberalismo. O liberalismo terá sido [apenas] um episódio.

O último ser humano não é um defensor da democracia liberal. Para ele, o conforto representa um valor mais elevado do que a liberdade. A psicopolítica digital, que contraria a ideia liberal de liberdade, não perturba o seu bem-estar. E a sua histeria da saúde leva a que ele vigie a si próprio permanentemente. Ele ergue em si próprio uma *ditadura interna*, um *regime de controle interno*. Onde a ditadura coincide com a vigilância biopolítica, ela não é mais percebida como opressão, pois ela vem em nome da saúde. Assim, o último ser humano se sente livre no regime biopolítico. Dominação e liberdade coincidem, novamente, aqui.

Nietzsche já podia ver a chegada da sociedade paliativa hostil à dor: "'Por fim ela chega, a hora que lhe envolverá na nuvem dourada da ausência de dor: onde a alma desfruta o seu próprio cansaço e se iguala feliz, no jogo paciente com a sua paciência, às ondas de um lago que, em um dia tranquilo de verão, no reflexo de um colorido céu da tarde, oscilam, oscilam e se silenciam novamente – sem fim, sem propósito, sem saturação, sem carência –, repouso completo, que se alegra na alternância, no retorno e no fluxo, na pulsação da natureza'. Essa é a sensação e a fala de todos os doentes;

se alcançam, porém, aquela hora, então logo chega o prazer do tédio"[101].

Fukuyama considera a possibilidade de que o ser humano, por um tédio insuportável, coloque a História novamente em movimento, de que a sociedade dos últimos seres humanos poderia dar lugar a uma sociedade dos primeiros, animais seres humanos, uma sociedade de incontida megalotimia[102].

Essa regressão ao passado não ocorrerá. Espera-nos um futuro inteiramente diferente, a era pós-humana, na qual também o último ser humano, junto com o seu tédio, será superado.

Em *The Hedonistic Imperative* [*O imperativo hedonista*], o transhumanista David Pearce proclama um futuro livre de dor: "No curso dos próximos milênios as pressuposições biológicas do sofrimento serão inteiramente dissolvidas. 'Dores corporais' e 'físicas' estão

---

101 NIETZSCHE, F. *Menschliches, Allzumenschliches*, I und II [*Humano, demasiado humano*]. Kritische Studienausgabe [edição crítica]. Op. cit., vol. 2, p. 520.

102 FUKUYAMA, F. *Das Ende der Geschichte* [*O fim da história*]. Op. cit., p. 441.

destinadas, pela história da evolução, a desaparecer"[103]. Também devem ser superadas as dores de amor, "as crueldades destruidoras da alma das formas tradicionais de amor" (*the soul destroying cruelties of tradional modes of love*)[104]. O objetivo do transhumanismo é uma "felicidade sublime que permeia a tudo" (*a sublime and all-pervasive happiness*). O transhumanismo também deixa o último ser humano para trás, pois ele é, assim diria Pearce, humano, demasiado humano. O tédio o atormenta extremamente. O transhumanismo considera que também o tédio pode ser eliminado com biotécnicas: "Mesmo que falte à humanidade por hora ainda a imaginação para tanto, já em algumas gerações a experiência do tédio será neurofisiologicamente impossível. 'Contra o tédio, mesmo os deuses lutam em vão', disse Nietzsche; ele, porém, ainda não tinha ideia das possibilidades da biotecnologia"[105].

---

103 PEARCE, D. *The Hedonistic Imperative* [*O imperativo hedonista*], 1995, cap. 1.

104 Ibid., cap. 1.8.

105 Ibid., cap. 4.

A vida sem dor e com felicidade permanente não será mais uma vida humana. A vida que persegue e expulsa a sua dor suspende a si mesma. Morte e dor são inseparáveis. Na dor, antecipa-se a morte. Quem deseja eliminar toda dor também terá que acabar com a morte. Mas a vida sem morte e dor não é uma vida humana, mas sim morta-viva. O ser humano se desfaz, a fim de sobreviver. Ele alcançará, possivelmente, a imortalidade, mas *ao custo de sua vida*.

Para ver os livros de
BYUNG-CHUL HAN
publicados pela Vozes, acesse:

livrariavozes.com.br/autores/byung-chul-han

ou use o QR CODE

Conecte-se conosco:

- **f** facebook.com/editoravozes
- **◉** @editoravozes
- **𝕏** @editora_vozes
- **▶** youtube.com/editoravozes
- **☎** +55 24 2233-9033

www.vozes.com.br

Conheça nossas lojas:

www.livrariavozes.com.br

Belo Horizonte – Brasília – Campinas – Cuiabá – Curitiba
Fortaleza – Juiz de Fora – Petrópolis – Recife – São Paulo

EDITORA VOZES LTDA.
Rua Frei Luís, 100 – Centro – Cep 25689-900 – Petrópolis, RJ
Tel.: (24) 2233-9000 – E-mail: vendas@vozes.com.br